Arend Remmers

Geistesgaben oder Schwärmerei?

3. Auflage

Satz und Gestaltung: CSV
Umschlaggestaltung: MedienDesign, 58099 Hagen
Druck: Ebner & Spiegel, Ulm

<978-3-89287-359-4>

Arend Remmers

Geistesgaben oder Schwärmerei?

Christliche Schriftenverbreitung
Postfach 10 01 53, 42490 Hückeswagen

Inhalt

Die Bibelstellen werden nach der Elberfelder Übersetzung (Edition CSV Hückeswagen) angeführt.

Ein Wort vorab

Die so genannte charismatische Bewegung, die in weiten Bereichen der Christenheit im Vormarsch ist, einschließlich der protestantischen und katholischen Kirchen, hat heute einen großen Einfluss gewonnen. Der Zweck dieser Zeilen ist nicht, zu den bereits vorhandenen eine weitere Abhandlung über Ursprung, Verbreitung und Gefahren dieser Bewegung hinzuzufügen. Es gibt davon bereits genug. Es geht auch nicht darum, die verschiedenen positiven wie negativen Reaktionen gegeneinander abzuwägen. Das ist ein ganzer Problemkreis für sich. Denn die für den Bibel- und Christusgläubigen besonders verwirrende Tatsache hierbei ist, dass viele Anhänger der charismatischen Bewegung wiedergeborene Christen sind. Dieser Umstand macht die Gesamtbeurteilung nicht einfacher, sondern schwerer. Aber darum geht es uns, wie gesagt, nicht.

Die meisten Menschen neigen zur Vereinfachung, oder anders ausgedrückt, zur Schwarzweißmalerei. Eine Sache ist entweder gut oder böse. Ganz so einfach liegen die Dinge ja meistens nicht. Oft muss eine Vielzahl von Faktoren berücksichtigt werden, um zu einem gerechten Urteil zu gelangen.

Hinzu kommt, dass unsere Maßstäbe zur Beurteilung meistens eigene Erfahrungen mit Menschen sind. Haben wir von diesen einen guten Eindruck, so ist auch die Sache gut, die sie vertreten, und umgekehrt. Ein zweiter Fehler, der oft gemacht wird, ist die Beurteilung einer Sache nach ihren Auswirkungen. Sind diese gut, so ist auch die Sache gut, und umgekehrt. Beide Maßstäbe sind jedoch äußerst subjektiv. Man macht dabei die eigene Erfahrung zum Beurteilungskriterium. Dass dadurch die verschiedensten Urteile entstehen, ist klar. Daher rührt auch wohl die Meinungsvielfalt, wenn es zum Gespräch über die charismatische Bewegung kommt.

Wie soll der Gläubige nun zu einer fundierten Beurteilung dieser Bewegung und ihrer Kennzeichen bzw. Erscheinungsformen kommen? Gibt es einen objektiven Maßstab? Wir meinen, dass es ihn gibt. Es ist das Wort Gottes. Bei der Beurteilung christlicher Strömungen und Ideen kann und darf nur die Bibel die Grundlage unseres Urteils sein.

1. Was heißt „Charismatische Bewegung"?

Der Ursprung der charismatischen Bewegung geht auf die so genannte *Pfingstbewegung* zurück. Diese entstand um die Wende des 19./20. Jahrhunderts in Amerika während einer Erweckungsbewegung in einer baptistischen Gemeinde von Farbigen, bei der die Gemeindeglieder in Ekstase gerieten und in „Zungen" redeten. Allen verschiedenen Pfingstgemeinden gemeinsam war die Betonung der Wirksamkeit des *Heiligen Geistes*, die sich in der so genannten *„Geistestaufe"*, dem *„Zungenreden"* und oft in *„Gebetsheilungen"* offenbart. Die *Bekehrung* und die persönliche *Heiligung* im Leben der einzelnen Gläubigen wurde und wird in den meisten Pfingstkreisen betont und gelehrt.

Seit Anfang der sechziger Jahre des 20. Jahrhunderts trat eine Veränderung ein. Bis dahin waren die Pfingstgemeinden mehr oder weniger fest umrissene Gruppen, in denen die oben erwähnten Lehren praktiziert wurden. Seit dieser Zeit jedoch drang das Gedankengut der Pfingstkreise in die traditionellen Kirchen und auch in fast alle außerkirchlichen christlichen Gemeinschaften ein. Diese „Neo-Pfingstbewegung" wird auch vielfach „Charismatische Erneuerung" genannt. Durch eine Flut von Schrifttum wurde das pfingstlerische Gedankengut in weitere christliche Kreise hineingetragen; da hier verbreitet eine Erschlaffung des Glaubenslebens eingetreten war, wurden diese Gedanken, die eine praktische Belebung der Gemeinden verhießen, zum Teil mit großer Begeisterung aufgenommen.

Man kann heute wohl ohne Übertreibung sagen, dass es innerhalb der Christenheit nur noch wenige Kreise gibt, in die die charismatische Bewegung nicht Eingang gefunden hat.

Der Name „Pfingstgemeinde" geht auf Apostelgeschichte 2 zurück, wo berichtet wird, dass am Tag der Pfingsten der Heilige Geist auf die Gläubigen herabkam, um die Ekklesia (Versammlung, Gemeinde, Kirche) Gottes auf Erden zu bilden. Weil damals die Jünger in fremden Sprachen redeten, glaubte man in der Pfingstbewegung an ein „neues Pfingsten", das alle wunderbaren Gaben Gottes der ersten Zeit wieder zu neuem Leben erwecken würde. Der Name „Charismatische Bewegung" rührt von dem griechischen Wort für Gnadengabe *(charisma)* her. Hierin kommt also in ähnlicher Weise die starke Betonung des Besitzes und der Ausübung der christlichen Gnadengaben zum Ausdruck. Der Herr Jesus Christus hat den Seinigen eine Vielzahl von Gnadengaben gegeben (siehe Röm 12,6-8; 1. Kor 12,4-11.28-31; Eph 4,8-13). Der Charismatiker denkt bei dem Wort Gnadengabe jedoch in erster Linie – wenn nicht ausschließlich – an die Zeichengaben wie „Zungenreden" und „Gebetsheilungen".

So viel zu dem Begriff „Charismatische Bewegung". Wir wollen, wie gesagt, keine Geschichte oder Darstellung dieser Bewegung schreiben. Es liegt uns viel mehr am Herzen, unseren Brüdern und Schwestern in Christus eine kurze und knappe, biblisch begründete Erklärung der Textstellen zu geben, auf die sich die Charismatiker immer wieder beziehen. Dadurch sollen die Behauptungen dieser Bewegung anhand des einzig verbindlichen Maßstabes, der Bibel, geprüft werden. Der beste Weg, den menschlichen Behauptungen auf geistlichem Gebiet zu begegnen, ist die Darstellung der göttlichen Wahrheit.

2. Die so genannte „Geistestaufe“

In der Pfingstbewegung wurde bereits gelehrt, und diese Lehre wird in der charismatischen Bewegung fortgeführt: Der Gläubige, der durch Bekehrung und Glauben an das Evangelium ein Eigentum des Herrn Jesus geworden ist, braucht die „Geistestaufe“ als eine weitere christliche Grunderfahrung, die sich dadurch manifestiert, dass der Betreffende in „Zungen“ redet.

Was sagt die Heilige Schrift hierzu?

Die Bibel lehrt uns, dass es ein besonderes Kennzeichen der christlichen Epoche oder Haushaltung ist, dass *Christus* nach der Vollendung des Erlösungswerkes am Kreuz auferstanden, zum Himmel aufgefahren und jetzt *zur Rechten Gottes* ist, während der *Heilige Geist auf Erden* in den erlösten Menschen wohnt.

Das war in früheren Zeiten nicht so. Der Heilige Geist war zwar immer da, wo Gott tätig war. So steht es schon auf dem ersten Blatt der Bibel (1. Mo 1,2); aber Er wohnte nicht in den Menschen. Der erste Mensch, in dem der Heilige Geist wohnte, war der Mensch Christus Jesus, das fleischgewordene Wort (vergleiche Joh 1,33). In der letzten Nacht Seines Zusammenseins mit Seinen Jüngern vor Seiner Gefangennahme belehrte der Herr Jesus sie unter anderem darüber, dass nach Seinem Hingehen zum Vater eine andere göttliche Person zu ihnen kommen würde, der Sachwalter, Fürsprecher, der in Ewigkeit bei ihnen bleiben sollte, „den Geist der Wahrheit, den die Welt nicht empfangen kann, weil sie ihn nicht sieht noch ihn kennt. Ihr kennt ihn, denn er bleibt bei euch und wird in euch sein. Ich werde euch nicht verwaist zurücklassen, ich komme zu euch" (Joh 14,16-18).

Dass dieser Sachwalter, der Geist der Wahrheit, der Heilige Geist ist, wird dann in Vers 26 ausdrücklich gesagt.

Die Tätigkeit des Heiligen Geistes in den Gläubigen führt der Herr dann weiter aus. „Der Sachwalter aber, der Heilige Geist, den der Vater senden wird in meinem Namen, der wird euch alles lehren und euch an alles erinnern, was ich euch gesagt habe" (Joh 14,26). – „Wenn aber der Sachwalter gekommen ist, den ich euch von dem Vater senden werde, der Geist der Wahrheit, der von dem Vater ausgeht, so wird er von mir zeugen" (Joh 15,26). – „Wenn aber jener, der Geist der Wahrheit, gekommen ist, wird er euch in die ganze Wahrheit leiten; denn er wird nicht von sich selbst aus reden, sondern was er hören wird, wird er reden, und das Kommende wird er euch verkündigen. Er wird mich verherrlichen, denn von dem Meinen wird er empfangen und euch verkündigen" (Joh 16,13-14).

Alles dies aber konnte erst geschehen, nachdem der Herr Jesus Sein Werk am Kreuz vollbracht hatte und zum Vater zurückgekehrt war: „Doch ich sage euch die Wahrheit: Es ist euch nützlich, dass ich weggehe, denn wenn ich nicht weggehe, wird der Sachwalter nicht zu euch kommen; wenn ich aber hingehe, werde ich ihn zu euch senden" (Joh 16,7).

Johannes der Täufer kündigt den Heiligen Geist an

Auf dieses Kommen des Heiligen Geistes wies schon Johannes der Täufer als Vorläufer des Herrn Jesus Christus hin. „Ich zwar taufe euch mit (wörtlich: in) Wasser zur Buße; der nach mir Kommende aber ist stärker als ich, dem die Sandalen zu tragen ich nicht wert bin; er wird euch mit (wörtlich: in) Heiligem Geist und mit Feuer taufen; dessen Worfschaufel in seiner Hand ist, und er wird seine Tenne durch und durch reinigen und seinen Weizen in die Scheune sammeln, die Spreu aber wird er verbrennen mit unauslöschlichem Feuer" (Mt 3,11-12; vgl. Lk 3,16-17).

Im Evangelium nach Markus heißt es kürzer: „Ich zwar habe euch mit (wörtlich: in) Wasser getauft, er aber wird euch mit (wörtlich: in) Heiligem Geist taufen" (Mk 1,8).

Ähnliche Worte finden wir in Johannes 1,33: „Und ich kannte ihn nicht, aber der mich gesandt hat, mit (wörtlich: in) Wasser zu taufen, der sprach zu mir: Auf wen du den Geist herniederfahren und auf ihm bleiben siehst, dieser ist es, der mit (wörtlich: in) Heiligem Geist tauft."

Johannes rief einerseits das Volk der Juden zur Buße auf; andererseits kündigte er zwei Dinge an, die der Herr Jesus tun würde: Diejenigen, die Buße tun, werden mit Heiligem Geist getauft und dann als gute Frucht in die Scheune des Herrn gesammelt; aber diejenigen, die Ihn nicht im Glauben annehmen, werden mit Feuer getauft und als Spreu in das unauslöschliche Feuer, das heißt, in die ewige Verdammnis gelangen!

Zwei Dinge fallen bei der Betrachtung dieser Verse auf:

a) Die Taufe mit Heiligem Geist und die Taufe mit Feuer beziehen sich nicht auf dieselbe Tatsache.

Die Taufe mit Feuer ist das Gericht und die ewige Verdammnis der Verlorenen (vergleiche zu dem Wort „Feuer": Mal 3,19; Mt 18,9; Lk 16,23-24). Die Verwendung des Wortes „Taufe" in diesem Sinn stellt vielleicht für manchen eine Schwierigkeit dar. Aber wenn der Herr Jesus an das göttliche Gericht dachte, das Er am Kreuz erdulden sollte, sprach Er ebenfalls von einer Taufe: „Ich habe aber eine Taufe, womit ich getauft werden muss, und wie bin ich beengt, bis sie vollbracht ist" (Lk 12,50).

b) Die Taufe mit Heiligem Geist wird nicht als eine außergewöhnliche, zusätzliche Erfahrung der Gläubigen beschrieben, sondern als Kennzeichen derer, die als Weizen in die himmlische Scheune gesammelt werden. Das wird auch durch die weiteren diesbezüglichen Textstellen bestätigt.

Die Ankündigung durch den Herrn Jesus selbst

Wir haben gesehen, dass der Herr Jesus vor Seinem Erlösungswerk den Jüngern das Kommen des Heiligen Geistes ankündigte. Nach Seiner Auferstehung spricht Er noch deutlicher davon: „Und siehe, ich sende die Verheißung meines Vaters auf euch. Ihr aber, bleibt in der Stadt, bis ihr angetan werdet mit Kraft aus der Höhe" (Lk 24,49). Mit der Verheißung des Vaters und der Kraft aus der Höhe ist der Heilige Geist gemeint. Das geht aus den beiden folgenden Stellen in der Apostelgeschichte deutlich hervor: „Und als er mit ihnen versammelt war, befahl er ihnen, sich nicht von Jerusalem zu entfernen, sondern auf die Verheißung des Vaters zu warten – die ihr, sprach er, von mir gehört habt; denn Johannes taufte zwar mit Wasser, ihr aber werdet mit (wörtlich: in) Heiligem Geist getauft werden nach nunmehr nicht vielen Tagen ... aber ihr werdet Kraft empfangen, wenn der Heilige Geist auf euch herabkommt" (Apg 1,4-5.8).

Diese Stellen zeigen außerdem, dass das Ereignis kurz bevorstand und dass es in Jerusalem geschehen würde. Der Herr Jesus spricht zu Seinen Jüngern auch nicht von der Taufe mit Feuer, das heißt, von Gericht, sondern nur von dem Heiligen Geist.

Der Tag der Pfingsten

Wenige Tage später, „als der Tag der Pfingsten erfüllt wurde, waren sie alle an einem Ort beisammen. Und plötzlich kam aus dem Himmel ein Brausen, wie von einem daherfahrenden, gewaltigen Wind, und erfüllte das ganze Haus, wo sie saßen. Und es erschienen ihnen zerteilte Zungen wie von Feuer, und sie setzten sich auf jeden Einzelnen von ihnen. Und sie wurden alle mit Heiligem Geist erfüllt und fingen an, in anderen Sprachen zu reden, wie der Geist ihnen gab auszusprechen" (Apg 2,1-4). Das ist die Erfüllung der Vorausschau des Johannes und der Verheißung des Herrn Jesus!

Was geschah am Pfingsttag? In Apostelgeschichte 2,2-4 werden vier Dinge erwähnt, die wir näher betrachten wollen.

a) „Und plötzlich kam aus dem Himmel ein Brausen, wie von einem daherfahrenden, gewaltigen Wind, und erfüllte das ganze Haus, wo sie saßen." Es war nicht eigentlich wie ein Wind, sondern mehr wie ein Wehen, und das Wort „daherfahrend" könnte auch mit „getragen" übersetzt werden. Es war nicht wie bei einem natürlichen Wind ein unterbrochenes, an-

und abschwellendes, sondern ein anhaltendes Brausen. Mit diesem Vergleich wird die himmlische, inspirierende, belebende Kraft des Heiligen Geistes angedeutet, die nicht stoßweise oder impulsiv, sondern gleichmäßig tragend wirkt. Es ist die „Kraft aus der Höhe" (Apg 1,8), die sich hier offenbart und das ganze Haus erfüllt. So erfüllte einst die Herrlichkeit des Herrn die Stiftshütte und den Tempel bei ihrer Einweihung (2. Mo 40,34; 1. Kön 8,10-11). Im Gespräch mit Nikodemus hatte der Herr Jesus das Wirken des Heiligen Geistes schon mit dem Wehen des Windes verglichen: „Der Wind weht, wo er will, und du hörst sein Sausen, aber du weißt nicht, woher er kommt und wohin er geht; so ist jeder, der aus dem Geist geboren ist" (Joh 3,8).

b) „Und es erschienen ihnen zerteilte Zungen wie von Feuer, und sie setzten sich auf jeden einzelnen von ihnen." Neben dem brausenden Wehen, das sie nur hörten, geschah auch etwas Sichtbares. Göttliches Licht in Form von zerteilten Zungen wie von Feuer erschien ihnen und setzte sich auf jeden einzelnen von ihnen.

Dies war keine „Feuertaufe", sondern ein deutliches Zeugnis Gottes, das von Licht und Heiligkeit sprach, aber in Gnade; denn die zerteilten Zungen deuten schon hin auf die Ausstrahlung des Evangeliums über die Grenzen Israels hinaus zu allen Nationen. – Wie das Brausen mit dem Wehen des Windes verglichen wird, so werden die Zungen mit dem Feuer verglichen. Beides waren äußere Zeichen der dritten besonderen Erscheinung, die an sich unsichtbar war.

c) „Und sie wurden alle mit Heiligem Geist erfüllt." Hier haben wir die Taufe mit Heiligem Geist, die Erfüllung der Voraussagen des Täufers und des Herrn Jesus selbst. Die Verheißung des Vaters ist erfüllt. Der Heilige Geist kommt aus dem Himmel herab, um nach den Worten Jesu in Ewigkeit bei uns zu bleiben. Weil dies etwas völlig Neues war, wurde es von den beiden Zeichen begleitet. Die Gegenwart des Heiligen Geistes hat ja einen doppelten Sinn. Einmal wohnt Er in dem Haus, das heißt in der Versammlung Gottes als Tempel (vergleiche 1. Kor 3,16; Eph 2,22). Das kommt in dem Wehen zum Ausdruck, das das ganze Haus erfüllte. Außerdem wohnt der Heilige Geist aber auch in jedem einzelnen Gläubigen (vergleiche 1. Kor 6,19), was durch die zerteilten Zungen verdeutlicht wird, die sich auf jeden einzelnen setzten.

d) „Und fingen an in anderen Sprachen zu reden, wie der Geist ihnen gab auszusprechen." Dies Zeichen hatte der Herr Jesus in Markus 16,17 bereits angekündigt, als Er den Aposteln den Auftrag gab, das Evangelium der ganzen Schöpfung zu predigen. Seit dem Turmbau zu Babel waren die Menschen der alten Schöpfung durch die verschiedenen Sprachen voneinander getrennt. Jetzt wurden in vielen Sprachen die Werke Gottes in der neuen Schöpfung verkündigt, die herrlichen Ergebnisse der Gnade, die auf Golgatha im höchsten Maß offenbart worden war! Alle Nationen sollten jetzt die Botschaft des Heils hören, nicht nur die bis dahin bevorzugten Juden.

Damit haben wir kurz skizziert, was am Pfingsttag geschah, als der Heilige Geist ausgegossen wurde und die

Gläubigen die Taufe mit Heiligem Geist empfingen. Diese Taufe geschah nur einmal. Dadurch entstand der Leib Christi auf Erden. Aber er wird nicht ständig von neuem gebildet! Daher lesen wir auch später nichts mehr von einer erneuten Taufe mit Heiligem Geist! Jeder Mensch, der jetzt durch den Glauben an den Herrn Jesus errettet wird, empfängt den Heiligen Geist als Siegel, Unterpfand und Salbung (Eph 1,13-14; 2. Kor 1,21-22). Dadurch wird er ein Glied Christi (1. Kor 6,15.19) und dem bereits auf Erden bestehenden Leib Christi hinzugefügt.

Spätere Erwähnungen der Taufe mit Heiligem Geist

Bis Apostelgeschichte 1 war die Taufe mit Heiligem Geist immer als etwas Zukünftiges betrachtet worden. Nach dem in Apostelgeschichte 2 beschriebenen Pfingstereignis wird sie nur noch zweimal erwähnt, nämlich in Kapitel 11,16 und 1. Korinther 12,13. In diesen beiden Fällen wird sie jedoch im Rückblick gesehen.

In Apostelgeschichte 10 und 11 wird uns berichtet, wie das Evangelium einem Nicht-Juden, dem römischen Offizier Kornelius in Cäsarea verkündigt wird. Die Jünger des Herrn hatten sich – außer in Samaria (Apg 8) – hauptsächlich in Judäa als Zeugen betätigt. Es bedurfte einer göttlichen Offenbarung, damit Petrus den Auftrag erfüllte, auch einem Heiden das Evangelium zu predigen. Als er dann nach Cäsarea kam, verkündigte er dann freimütig diesen Menschen heidnischer Herkunft die frohe Botschaft.

Während er noch redete, fiel der Heilige Geist auf alle, die das Wort hörten. Es geschah also dasselbe wie bei den ersten Christen in Jerusalem, die ja Juden gewesen waren (Apg 10,44; 11,15). Dabei dachte Petrus an das

Wort des Herrn, wie Er sagte: „Johannes taufte zwar mit Wasser, ihr aber werdet mit Heiligem Geist getauft werden" (Apg 11,16).

In 1. Korinther 12,13 lesen wir zum letzten Mal im Neuen Testament von der Taufe mit Heiligem Geist: „Denn auch in einem Geist sind wir alle zu einem Leib getauft worden, es seien Juden oder Griechen, es seien Sklaven oder Freie, und sind alle mit einem Geist getränkt worden." In diesem Kapitel ist das Thema der eine Leib Christi auf Erden, der aus allen Gläubigen der jetzigen Zeit besteht, die den Heiligen Geist empfangen haben, aber auch die Vielfalt der Glieder und ihre Aufgaben. Der eine Geist wirkt in den verschiedenen Gnadengaben (Vers 4), und Er ist auch das einigende Band, das den Leib zu dem macht, was er ist. Hier geht es nicht um die persönlichen Glaubenserfahrungen der einzelnen Glieder, sondern um die große und wichtige Tatsache, dass in allen diesen Gliedern *ein* Geist, der Heilige Geist, lebt und sie miteinander vereint. Auch hier sehen wir wieder beide Seiten des Wohnens des Heiligen Geistes auf Erden. In dem Wort: „und sind *alle* mit einem Geist *getränkt"* kommt die Seite des einzelnen zum Ausdruck. In den Worten: „in einem Geist sind wir alle *zu einem Leib getauft"* wird das Wohnen des Heiligen Geistes in der Versammlung als Ganzes betrachtet.

In Vers 12 wird der menschliche Leib als ein Abbild des Leibes Christi und seines Hauptes betrachtet. Viele Glieder bilden zusammen den einen Leib. In Vers 13 wird dann erklärt, wie diese Einheit zustande gekommen ist: durch die Taufe in einem Geist.

Das ist eine Bezugnahme auf die einmalige Tatsache, die am Pfingsttag in der Apostelgeschichte 2 geschah.

Zusammenfassung

Fassen wir abschließend das im Neuen Testament bezüglich der Taufe mit Heiligem Geist Gesagte noch einmal zusammen:

a) Wenn von der Taufe mit Heiligem Geist gesprochen wird, ist damit immer das Kommen des Geistes Gottes am Pfingsttag gemeint. Damals nahm Er Wohnung in den versammelten Gläubigen und machte sie dadurch zu dem Leib Christi, der Versammlung Gottes. Das ist eine einmalige Tatsache, die nicht wiederholt wird.

b) Heute empfängt jeder, der das Evangelium des Heils glaubt, den Heiligen Geist als Siegel und Unterpfand. Er wird zum Leib Christi hinzugefügt, aber diese Tatsache wird im Neuen Testament nie Taufe mit Heiligem Geist oder „Geistestaufe" genannt. Wohl spricht Gottes Wort von Erfülltsein mit Heiligem Geist (siehe dazu Kapitel 6, S. 69ff.).

Gibt es eine „Feuertaufe" für Gläubige?

Wir haben bereits gesehen, dass die in Matthäus 3,11 und Lukas 3,16 erwähnte Taufe mit Feuer in keinem Zusammenhang mit der Taufe mit Heiligem Geist steht. Die Taufe mit Feuer bezieht sich auf das Gericht und die ewige Verdammnis der Ungläubigen. Was ist nun aber die Bedeutung der in Apostelgeschichte 2,3 erwähnten „zerteilten Zungen wie von Feuer", die sich bei der Ausgießung des Heiligen Geistes am Pfingsttag auf jeden einzelnen der Jünger setzten? Obwohl wir hierzu bereits etwas gesagt haben, wollen wir diesen Ausdruck noch einmal etwas näher betrachten, um verschiedenen Missdeutungen zu begegnen. Vielfach wird die Ansicht geäußert, als sei dies die Erfüllung der Ankündigung des Johannes: „Er wird euch mit Heiligem Geist und Feuer taufen" (Mt 3,11; Lk 3,16).

Dies ist jedoch aus verschiedenen, zum Teil schon erwähnten Gründen nicht richtig.

a) Johannes der Täufer spricht in seiner Bußpredigt deutlich von zwei ganz verschiedenen Dingen, nämlich einerseits von Frucht für Gott (Mt 3,8.10.12), die zur ewigen Errettung und Herrlichkeit führt, andererseits vom Feuer des Gerichts (Verse 7.10.12). Für die erste Gruppe gilt die Taufe mit Heiligem Geist, für die zweite die Taufe mit Feuer.

b) Bei Seiner letzten Ankündigung des Kommens des Heiligen Geistes spricht der Herr zu Seinen elf Jüngern, die ja alle gläubig waren (vergleiche Joh 15,3), nur von der Taufe mit Heiligem Geist. Ebenso ist es in Apostelgeschichte 11,16 und 1. Korinther 12,13. Das steht im vollen Einklang mit dem unter a) Gesagten: Die Gläubigen erhielten am Pfingsttag nur die Taufe mit Heiligem Geist.

c) In Apostelgeschichte 2,3 ist nicht von Feuerzungen, sondern von „zerteilten Zungen wie von Feuer" die Rede. Hier wird nicht die Tatsache betont, dass Feuer herabkam, sondern dass es zerteilte Zungen waren, die sich auf jeden einzelnen von ihnen setzten. Das Wort Zunge weist schon auf das Sprechen hin. In Vers 4 wird dann auch von „anderen Sprachen" gesprochen. Zunge und Sprache ist im Griechischen dasselbe Wort (*glossa*). Die Macht des Heiligen Geistes erwies sich in der Überwindung der Folgen der Sprachenverwirrung von Babel (1. Mo 11). Dass es „zerteilte Zungen“ waren, ist ein Hinweis darauf, dass das Evangelium nicht auf das Volk der Juden beschränkt blieb, sondern sich an alle Nationen richtete.

3. Das so genannte „Zungenreden“

Die Charismatiker behaupten im Allgemeinen, dass die unmittelbare Folge der so genannten „Geistestaufe“, die wir im vorigen Kapitel behandelt haben, das so genannte „Zungenreden“ ist. Auch hier müssen wir leider gleich zu Anfang feststellen, dass dieses „Zungenreden“ der Charismatiker in der Heiligen Schrift nicht gelehrt wird.

Eine sprachliche Erklärung

Unter den Gaben, die der erhöhte Christus Seiner Versammlung gegeben hat, werden auch „Arten von *Sprachen*“ oder „Reden in *Sprachen*“ erwähnt (1. Kor 12,10.28.30 usw.). Das im Griechischen für „Sprache“ gebrauchte Wort *glossa* bedeutet zunächst „Zunge“ als Körperteil (Mk 7,33; Lk 1,64 usw.). Wie wir sahen, wird dasselbe Wort *glossa* auch in Apostelgeschichte 2,3 für die zerteilten Zungen gebraucht, die sich auf die Jünger setzten. Gewöhnlich ist es nun keine Schwierigkeit, zu unterscheiden, ob im Text des Neuen Testamentes die Zunge als Körperteil oder eine Sprache gemeint ist; dementsprechend muss übersetzt werden.

Für den deutschen Bibelleser kommt eine Schwierigkeit hinzu. Als Martin Luther die Bibel ins Deutsche übersetzte, bedeutete auch das Wort Zunge noch beides,

„Körperteil" und „Sprache". Wenn wir eine alte Ausgabe der Luther-Bibel aufschlagen, liest sich Apostelgeschichte 2,4.6.11 folgendermaßen: „ ...und fingen an zu predigen mit anderen *Zungen*, nach dem der Geist jnen gab aus zu sprechen ... Da nu diese Stimme geschach, kam die Menge zusamen, und wurden verstörzt, Denn es höret ein jgliches das sie mit seiner *Sprache* redten ... Wir hören sie mit unseren *Zungen* die grossen Thaten Gottes reden" (Lutherbibel von 1545. Hervorhebungen vom Verfasser). Man sieht also, dass Luther wahlweise die Worte Zunge und Sprache benutzte, wenn es darum ging, den Begriff der Sprache wiederzugeben.

Heute ist das anders. Im modernen Deutsch bezeichnet Zunge nur noch einen Körperteil. In dem anderen Fall muss das Wort „Sprache" verwendet werden. – So viel zur Bedeutung des griechischen Wortes *glossa* und des deutschen Wortes „Zunge".

In fast jedem griechisch-deutschen Wörterbuch zum Neuen Testament findet man nun unter dem Stichwort *glossa* neben der Bedeutung „Zunge" und „Sprache" auch den Begriff „Zungenreden". Diese dritte Bedeutung wird überall da im Neuen Testament angenommen, wo von der Gabe des Redens in Sprachen die Rede ist.

Was versteht man unter dem so genannten „Zungenreden"?

Die Charismatiker sind leider nicht die einzigen, die bestimmte klare Aussagen des Wortes Gottes missverstehen und missdeuten. Auch die Theologen wissen seit langem nichts Besseres zu sagen. Der folgende Auszug aus einem modernen Bibellexikon zeigt, wie wenig

Aussagen des Wortes Gottes verstanden werden, oder anders gesagt, wie viel man hineinzulegen versucht:

„‚Zungenreden' (Glossolalie, von griechisch glossa ‚Zunge', ‚Sprache'), ekstatisches Reden in unverständlicher, stammelnder Sprache ... Die Neuheitserfahrung der ersten Christen äußerte sich vielfach in einem Ausbruch ekstatischen Zungenredens (Apg 10,46; 19,6), der zu den Erscheinungsformen des der Gemeinde gegebenen Geistes der Endzeit gerechnet wurde (1. Kor 14,39). Paulus ist allerdings dem Zungenreden gegenüber sehr skeptisch und wertet es betont gegenüber der auch für Außenstehende verständlichen prophetischen Rede ab (1. Kor 13,1; 14,1-12).

Besondere Probleme bietet der Pfingstbericht (Apg 2,1-13).

Eine ältere Fassung der Erzählung scheint von einem Hör-Wunder berichtet zu haben: Die Anwesenden verstehen das Z. je in ihrer Sprache (Vers 8). Lukas macht daraus ein Sprachen-Wunder: Die Apostel reden, gleichsam die weltweite Mission vorwegnehmend, in verschiedenen Sprachen (Vers 4)." (Reclams Bibellexikon)

Wesentlich vorsichtiger beurteilt das Lexikon zur Bibel (Brockhaus-Verlag) das so genannte „Zungenreden", gibt aber auch keine plausible Erklärung für diese Gabe.

Dennoch hat es auch Stimmen gegeben, die sich nicht fortreißen ließen durch Unwissenheit oder Voreingenommenheit hinsichtlich dieser im Neuen Testament bezeugten Gabe. So zum Beispiel der bekannte Bibel-Ausleger J. A. Bengel (1687-1752), der zu 1. Korinther 14,4 in seinem Bibelwerk „Gnomon" schreibt: „Durchweg ist in diesem Kapitel unter Zunge Sprache zu verstehen." Dass dies die einfache und einleuchtende Erklärung der Gabe des

Redens in Sprachen ist, wollen wir nun anhand der Textstellen im Neuen Testament nachweisen.

Das Zeugnis des Neuen Testamentes

Nach dieser etwas längeren Einführung wollen wir zu unserem eigentlichen Anliegen kommen und untersuchen, was die einzelnen Stellen des Neuen Testaments, in denen das Reden in Sprachen erwähnt wird, wirklich aussagen.

Markus 16,17

„Diese Zeichen aber werden denen folgen, die glauben: In meinem Namen werden sie Dämonen austreiben; sie werden in neuen Sprachen reden und werden Schlangen aufnehmen, und wenn sie etwas Tödliches trinken, wird es ihnen nicht schaden; Kranken werden sie die Hände auflegen, und sie werden sich wohl befinden" (Mk 16,17.18). In diesem Abschnitt haben wir den „großen Auftrag" des auferstandenen Herrn an Seine Jünger (vergleiche auch Mt 28,18-20). Er berief sie dazu, der ganzen Welt das Evangelium zu predigen. Christus war ja in die Welt gekommen, um Sünder zu erretten. Deshalb starb Er und wurde Er auferweckt (Röm 4,25). Alle, die glauben und getauft werden, werden errettet werden, wer aber nicht glaubt, geht ewig verloren.

Die dann erwähnten Dinge, die Austreibung von Dämonen (vergleiche hierzu Apg 16,18), das Reden in neuen Sprachen (Apg 2,4), das Aufnehmen von Schlangen (Apg 28,3-6), das Auflegen der Hände (Apg 3,7; 5,12) usw., alles dies ging tatsächlich im Leben der Apostel in

Erfüllung. Sie hatten als Erste geglaubt und waren von dem Wunsch erfüllt, Seelen zu gewinnen. Aber diese Verheißung ist nicht allgemein gültig, so dass sie jeder Christ auf sich beziehen kann. Sie galt in erster Linie denen, die den großen Auftrag des Herrn erfüllten. Wenn heute ein Gläubiger eine Schlange aufnehmen würde, erginge es ihm wohl nicht so wie dem Apostel Paulus in Apostelgeschichte 28.

Außerdem ist es wichtig, den Unterschied zu den Worten des Herrn am Schluss des Matthäus-Evangeliums zu sehen. Dort spricht Er davon, dass Ihm alle Gewalt im Himmel und auf Erden gegeben ist und dass Er bei uns sein will bis zur Vollendung des Zeitalters (Mt 28,18-20). Im Evangelium nach Markus lesen wir jedoch nichts davon, dass der Herr durch die Zeichen so lange wirken würde. Wie wir sahen, gingen die Voraussagen des Herrn bei den Aposteln fast wörtlich in Erfüllung – und zwar alle, nicht nur eine oder zwei! Deshalb ist es merkwürdig, dass heute nur bestimmte dieser Dinge als besondere „Gaben“ herausgestellt werden.

Es handelt sich hier um Zeichen, mit denen Gott am Anfang der christlichen Epoche oder Haushaltung bestätigte, dass die Verkündigung des Evangeliums in Seinem Auftrag geschah. So hatte Er einst Mose durch Wunder und Zeichen vor dem Pharao als Seinen Diener legitimiert. Der Schreiber des Hebräer-Briefes erinnert sich um das Jahr 60 an diese Zeichen mit den Worten: „Wie werden wir entfliehen, wenn wir eine so große Errettung vernachlässigen? – die den Anfang ihrer Verkündigung durch den Herrn empfangen hat und uns von denen bestätigt worden ist, die es gehört haben, wobei Gott außerdem mitzeugte, sowohl durch Zeichen als durch Wunder und mancherlei Wunderwerke und Austeilungen des Heiligen Geistes" (Heb 2,3-4).

Die „neuen Sprachen", die der Herr in Markus 16 erwähnt, sind nicht neu in dem Sinne, dass sie noch nie zuvor gehört wurden, oder dass sie den Hörern neu waren, sondern es waren Sprachen, die den Sprechern neu waren. Es waren andere Sprachen als die, die sie bisher kannten. Das kommt auch in dem griechischen Wort für „neu" *(kainos)* zum Ausdruck. Es bedeutet etwas Neues, sofern es noch nicht da gewesen ist, oder im Gegensatz zu dem bisherigen an dessen Stelle tritt. Es gibt im Griechischen ein anderes Wort, *neos*, das ebenfalls „neu" bedeutet, aber in dem Sinn von „jung, frisch, noch nicht alt". Das ist hier jedoch nicht gemeint.

Apostelgeschichte 2,4-13

Das wird in dem nächsten Vorkommen des Wortes „Sprache" bestätigt. Nach der Ausgießung des Heiligen Geistes, die wir in Kapitel 2 behandelt haben, fingen die Jünger an, in anderen Sprachen zu reden, wie der Geist ihnen gab auszusprechen. Diese anderen Sprachen, die in den Versen 8-11 aufgezählt werden, sind doch wohl die „neuen Sprachen", von denen der Herr in Markus 16,17 gesprochen hatte. Die Jünger, die von Hause aus aramäisch und wohl auch griechisch (*Koine*) sprachen, redeten jetzt in der Kraft des Heiligen Geistes in ungefähr 16 Sprachen und Mundarten.

Oft hört man die Auffassung: Die Jünger sprachen in ihrer eigenen Sprache, aber die Zuhörer *hörten* jeweils ihre Sprache. Dabei wird auf die Verse 6,8 und 11 hingewiesen, wo von dem *Hören* die Rede ist. Erstens steht jedoch in den Versen 6 und 11 ausdrücklich dabei, dass sie sie in ihren Sprachen *reden* hörten. Zweitens haben wir in Vers 4 gelesen, dass sie in anderen Sprachen *redeten*. Es war also kein „Hör-Wunder", sondern ein echtes Sprach-Wunder.

Aus dieser Stelle wird zweierlei deutlich: Erstens, dass die neuen und anderen Sprachen tatsächliche, auf der Erde gesprochene Sprachen waren, ferner aber für die Jünger Fremdsprachen, die sie nicht gelernt und bis dahin noch nie gesprochen hatten. Es kann daher keine Zweifel geben, dass wir hier den wahren Ursprung und Zweck der Gabe des Redens in Sprachen finden.

Zweitens wird deutlich, dass diese Gabe von Gott durch den Heiligen Geist gegeben wurde, um „die großen Taten Gottes", das heißt das Werk Christi und die segensreichen Folgen für diejenigen, die glauben, zu verkündigen. Das Resultat dieser wundersamen Predigt finden wir in Vers 41: „Es wurden an jenem Tage etwa dreitausend Seelen hinzugetan."

Gott gab also auf übernatürliche, geistliche Weise diesen ungelehrten Männern die Fähigkeit, in Sprachen zu reden, die sie nicht gelernt hatten.

In diesen Sprachen verkündigten sie die großen Taten Gottes, das heißt das Evangelium.

Sie wurden von den Anwesenden, die ungläubig waren, verstanden, da sie in deren eigenen Sprachen predigten.

Was der Herr in Markus 16,17 angekündigt hatte, wurde am Pfingsttag schon Wirklichkeit. Dabei wird auch die Absicht Gottes, die Er mit der Gabe des Redens in Sprachen hatte, ganz deutlich. Es ist daher falsch und unverantwortlich, diese Stelle in Apostelgeschichte 2 als eine einmalige Besonderheit aufzufassen und alle folgenden Stellen anders zu erklären. Nein, gerade diese Stelle ist die Erklärung für alle folgenden.

Apostelgeschichte 10,46 und 19,6

Auch in dem Bericht von der Errettung des Kornelius und der Seinen wird erwähnt, dass sie in Sprachen redeten und Gott erhoben. Kornelius war ohne Zweifel bereits ein bekehrter und wiedergeborener Mann, bevor Petrus zu ihm kam. Aber ihm fehlte noch die Kenntnis des vollbrachten Werkes Christi und somit des Evangeliums des Heils. In Epheser 1,13 steht deutlich, dass derjenige mit dem Heiligen Geist versiegelt wird, der dieses „Wort der Wahrheit, das Evangelium eures Heils" geglaubt hat.

Bis dahin waren Heiden nicht in den Genuss der von Gott für Israel bestimmten Segnungen gekommen.

Jetzt verkündigte Petrus, der selbst erst in dieser Hinsicht belehrt werden musste (Apg 10,9-17), Kornelius und seinem Haus, „dass jeder, der an ihn glaubt, Vergebung der Sünden empfängt durch seinen Namen" (Apg 10,43). Kornelius und die anderen nahmen dies im Glauben für sich an, und sogleich fiel der Heilige Geist auf alle, die das Wort hörten. Jetzt waren auch Menschen aus den Heidenvölkern, den Nationen, „offiziell" zum christlichen Glauben und in den Bereich des Segens Gottes gekommen. (Die Samariter in Apostelgeschichte 8 waren freilich auch keine Juden im strengen Sinne des Wortes, ebenso wenig der Kämmerer). Als Beweis davon hörte man sie nun in Sprachen reden und Gott erheben. Gott bezeugte dadurch, dass Juden und Nationen gleicherweise gesegnet werden in Christus. Kornelius und die

Seinen, die das Wort aufgenommen hatten, empfingen den Heiligen Geist ebenso wie die Juden am Tag der Pfingsten. Das bestätigt Petrus ausdrücklich in seinem Bericht hiervon in Kapitel 11,15-16: „Als ich aber zu reden begann, fiel der Heilige Geist auf sie, so wie auch auf uns im Anfang. Ich dachte aber an das Wort des Herrn, wie er sagte: Johannes taufte zwar mit Wasser, ihr aber werdet mit Heiligem Geist getauft werden."

Das Reden in Sprachen war daher keine notwendige Begleiterscheinung des Empfangs des Heiligen Geistes, sonst hätten die Samariter (Apg 8) ebenfalls in Sprachen reden müssen. Nein, es war ein Zeichen, dass Gott die Nationen auf die gleiche Weise an dem gleichen Segen teilhaben ließ wie die Juden.

Ähnlich steht es mit den etwa zwölf Jüngern zu Ephesus (Apg 19,1-7). Nur ist hier nicht Petrus oder ein anderer der zwölf vom Herrn auf Erden berufenen Apostel das Werkzeug der Gnade, sondern Paulus, der von dem verherrlichten Herrn berufene Apostel der Nationen. Der Verkündiger des Evangeliums der Herrlichkeit stand nicht hinter den übrigen Aposteln zurück, sondern auf dem gleichen Boden wie sie.

Die Jünger in Apostelgeschichte 19 hatten den Heiligen Geist noch nicht empfangen, weil sie überhaupt noch nicht wussten, dass Er gekommen war! Sie kannten wohl nur die Predigt des Täufers Johannes und waren mit seiner Taufe getauft. Ein Christ ist jedoch nur derjenige, der den Heiligen Geist besitzt, durch den er ein Glied am Leib Christi ist. Diese Gläubigen aber – denn das waren sie – befanden sich sozusagen noch auf alttestamentlichem Boden. Dass sie geglaubt hatten, besagt nicht, dass sie Christen waren. Auch Johannes der Täufer war kein Christ, ebenso David, Abraham und Noah usw. Sie waren von neuem geboren, aber das allein macht noch keinen Christen aus! Ein Christ ist nicht nur von neuem, das heißt aus dem Geist geboren, sondern er hat an das Werk des Herrn am Kreuz geglaubt und besitzt auch den Heiligen Geist (vergleiche Joh 3,3.5; Eph 1,13; Röm 8,9b).

Nun wurde Paulus das Werkzeug, diese Wiedergeborenen in die Stellung von Christen zu bringen. Als Paulus ihnen die Hände auflegte, kam der Heilige Geist auf sie, und sie redeten in Sprachen und weissagten, ähnlich, wie es im Haus des Kornelius geschehen war.

Aus diesen Geschehnissen sehen wir, dass sowohl Juden wie Heiden, Ungläubige und bereits Glaubende durch den Glauben an das jetzt verkündigte Evangelium von Jesus den Heiligen Geist empfingen. Das äußere Zeichen des Redens in Sprachen bewies, dass sie alle auf gleichem Boden standen, als solche, die nun zum Leib Christi auf Erden, zu Seiner Versammlung gehörten.

Nicht jeder, der den Heiligen Geist empfing, redete auch in Sprachen! Bei den Samaritern, bei dem Kämmerer und bei dem Kerkermeister in Philippi wird nichts dergleichen erwähnt. Nach dem inspirierten Bericht der Apostelgeschichte sind die genannten Stellen die einzigen, sehr verständlichen Fälle, in denen in Sprachen geredet wurde.

Es ist daher ganz unverständlich, dass fast alle Ausleger in der Apostelgeschichte zwischen den Geschehnissen in Kapitel 2 und denen in Kapitel 10 und 19 einen Unterschied machen. Es wird von kaum einem Ausleger bestritten, dass in Kapitel 2 wirklich in nicht erlernten Fremdsprachen geredet wurde; aber in Kapitel 10 und 19 soll das gleiche Wort *(glossa)* plötzlich ein „ekstatisches Reden zur Verherrlichung Gottes" (A. C. Gaebelein), oder ein „verzücktes Reden in Zungen" (W. Barclay) sein! Wir haben keinen Grund zu bezweifeln, dass es sich in allen drei Fällen um ein vom Geist bewirktes Reden in fremden Sprachen gehandelt hat.

1. Korinther 12-14

In 1. Korinther 12 bis 14 – besonders aber in Kapitel 14 – wird sehr ausführlich über die Gabe des Redens in Sprachen geschrieben. Die Versammlung in Korinth bestand hauptsächlich aus bekehrten Heiden, und der Apostel konnte ihnen bezeugen, dass sie in Christus in allem reich gemacht worden waren, in allem Wort und aller Erkenntnis, so dass sie an keiner Gnadengabe Mangel hatten (1. Kor 1,5-7). Aber obwohl sie von Gott so reich gesegnet waren, waren sie geistlich in einem armseligen Zustand. Sie waren in Gruppen zerfallen (Kap. 1,11-13; 3,3-4), sie duldeten außerehelichen Geschlechtsverkehr (Kap. 5,1-2; 6,13-17), sie zogen gegeneinander vor Gericht (Kap. 6,1-7); und noch manches andere wird von dem Apostel in diesem Brief strafend erwähnt.

Ab Kapitel 12 belehrt er sie dann über die Aufgaben der Glieder des Leibes Christi. Dort zählt er in den Versen 8-10 und in Vers 28 verschiedene Gaben auf. Es ist bemerkenswert, dass in beiden Fällen die Gnadengaben des Redens in Sprachen und der Auslegung der Sprachen ganz am Schluss der Aufzählung stehen. Das Reden in fremden Sprachen war nicht so eine hohe Gabe, wie das Wort der Weisheit zu reden, oder wie die Apostel, die als Grundleger der Versammlung an erster Stelle stehen. Das

Reden in Sprachen war eine Zeichengabe wie die der Heilung von Kranken. Es bedurfte keiner großen Erkenntnis der Gedanken Gottes, um sie auszuüben. Sie war auch nicht zur Auferbauung der Gläubigen gegeben, sondern als Zeichen für Ungläubige, die diese fremden Sprachen verstanden.

Es ist weiterhin auffällig und wichtig, dass Paulus in 1. Korinther 12,29-30 die Frage stellt: „Sind etwa alle Apostel, alle Propheten, alle Lehrer? Haben alle Wunderkräfte? Haben alle Gnadengaben der Heilungen? Reden alle in Sprachen? Legen alle aus?" Auf jede dieser Fragen muss die Antwort lauten: Nein! Paulus hat in diesem Kapitel gezeigt, dass nicht alle Glieder dieselbe Aufgabe und Gabe haben. Deshalb ist es schriftwidrig, wenn heute gesagt wird, jeder könne oder müsse sogar die Gabe des so genannten „Zungenredens" besitzen!

Einer Erklärung bedarf noch die Gabe der Auslegung der Sprache (1. Kor 12,10.30). Man könnte gegen die Erklärung der Gabe des Redens in Sprachen einwenden: Wenn es sich nur um Fremdsprachen handelt, die der Sprecher nicht gelernt hat, aber durch Gottes Geist sprechen kann, dann wäre die Auslegung ja eine bloße Übersetzer- oder Dolmetscher-Tätigkeit. Diese kann aber von jedem Sprachkundigen erlernt und ausgeübt werden. Dazu braucht man keine Gnadengabe. – Hierbei wird übersehen, dass das Reden in Sprachen plus Auslegung etwas Ähnliches ist wie Weissagung (darüber mehr in Kapitel 4). Die Botschaft, die in der fremden Sprache verkündet wurde, musste nicht nur übersetzt, sondern auch ausgelegt werden. Das Wort Gottes war ja noch nicht vollendet, so dass damals noch neue Wahrheiten offenbart wurden. Wenn dies in einer fremden Sprache geschah, das heißt durch das Reden in Sprachen, musste sowohl übersetzt als ausgelegt werden. Dazu diente die Gnadengabe der Auslegung der Sprachen.

In 1. Korinther 13,1 schreibt Paulus: „Wenn ich mit den Sprachen der Menschen und der Engel rede, aber nicht Liebe habe, so bin ich ein tönendes Erz geworden oder eine schallende Zimbel." Wie wir gesehen haben, sind die Sprachen, in denen die Gläubigen redeten, menschliche Fremdsprachen. Was aber meint Paulus mit den „Sprachen ... der Engel"? Wir können hieraus nicht ableiten, dass er selbst in solchen Sprachen gesprochen habe! Paulus hatte die Gewohnheit, sich selbst als Beispiel hinzustellen, wenn er etwas erklären wollte (vergleiche 1. Kor 4,6; Röm 7,7-25). Hier in 1. Korinther 13 fügt er in Vers 2 hinzu: „Und wenn ich Weissagung habe und *alle* Geheimnisse und *alle* Erkenntnis weiß, und wenn ich allen Glauben habe ..." In Vers 9 sagt er dann aber: „Denn wir erkennen *stückweise* und wir weissagen *stückweise*." Paulus nimmt hier also eindeutig einen hypothetischen Fall an, mit dessen Hilfe er den Korinthern erklären will, was Mangel an Liebe bedeutet. Deshalb kann aus seinen Worten keinesfalls abgeleitet werden, dass er oder andere wirklich in Engelssprachen redeten oder gar, dass das „Zungenreden" gleichbedeutend mit „Engelssprachen" oder „Engelszungen" ist. Wenn wir zugestehen, dass Paulus nicht alle Geheimnisse und alle Erkenntnis und allen Glauben besaß, sondern hier den nicht eingetretenen Fall annimmt, dann ist auch der erste Satz eine derartige Hypothese. – Auf die Frage, was diese Sprachen der Engel sind, können wir hier nicht weiter eingehen. Klar ist jedoch, dass auch diese Geist-Wesen über die Sprache als

Kommunikationsmittel verfügen müssen (vergleiche Jes 6,3; Sach 3,4; Judas 9).

In 1. Korinther 14 geht Paulus dann im Einzelnen auf das Reden in Sprachen ein. Aus diesem Kapitel bekommen wir den Eindruck, dass die Korinther über die Gnadengaben, die Gott ihnen geschenkt hatte, so entzückt waren, wie Kinder über ein neues Spielzeug. Besonders stark trat dies bei dem Reden in Sprachen hervor. Der Apostel musste sie deshalb ernstlich zurechtweisen. Dieses Kapitel ist also keine Unterweisung im „Zungenreden" , sondern eine ernste Ermahnung, die Gnadengaben, die Gott Seiner Versammlung gegeben hat, in der rechten Weise zu gebrauchen.

Wie wir gesehen haben, war die Gabe des Redens in fremden Sprachen von Gott als Zeichen für die Ungläubigen gegeben worden. Menschen, die die „großen Taten Gottes" in ihren eigenen Sprachen hörten, sollten dadurch überführt und zur Umkehr gebracht werden. Das wird in 1. Korinther 14,22 bestätigt: „Daher sind die Sprachen zu einem Zeichen, nicht den Glaubenden, sondern den Ungläubigen."

Dieser Abschnitt enthält noch eine weitere wichtige Belehrung. In Vers 21 zitiert Paulus frei aus Jesaja 28,11-12: „Ich will in anderen Sprachen und durch andere Lippen zu diesem Volk reden, und auch so werden sie nicht auf mich hören, spricht der Herr." Aus dem Zusammenhang in Jesaja 28 geht hervor, dass Israel nicht auf die von Gott gesandten Propheten gehört hatte. Deshalb warnte Gott Sein Volk und kündigte ein Strafgericht durch die Assyrer an, die für Israel mit „stammelnden Lippen und durch eine fremde Sprache" redeten. Dadurch sollte Israel gedemütigt werden. Paulus zitiert diese Worte scheinbar in einem völlig anderen Zusammenhang. Aber hatten die Juden jetzt nicht einen Größeren als die Propheten, nämlich ihren Messias, verworfen? Deshalb setzte Gott durch die Gabe der Sprachen ein Zeichen des Gerichts über Sein irdisches Volk, das nun für eine Zeit beiseite gesetzt wurde. Gleichzeitig wurde jedoch deutlich, dass das Evangelium der Gnade, das in den Sprachen der heidnischen Nationen verkündigt wurde, für alle Völker der Erde bestimmt ist. Aber wie zur Zeit Jesajas würde das jüdische Volk als Ganzes auch jetzt nicht auf die Stimme Gottes hören.

Anstatt zum Beispiel in den Hafen von Korinth zu gehen, um dort den Seeleuten aus aller Herren Länder unter Benutzung der Gabe des Redens in Sprachen das Evangelium zu bringen, ergötzten die Korinther sich in ihren Zusammenkünften an dieser spektakulären Gabe. Aber hier wurden sie von niemandem verstanden. Deshalb weist Paulus sie zurecht. Das ganze Kapitel 14 handelt von den Zusammenkünften der Versammlung in Korinth, wie aus den Versen 4.5.12.19.23-35 eindeutig hervorgeht.

So ist es zu verstehen, dass derjenige, der in einer Versammlung in einer Sprache redet, nicht den Menschen, sondern Gott redet. Niemand versteht es ja, obwohl er eine von Gott gegebene Gnadengabe ausübt und vielleicht sogar im Geist Geheimnisse ausspricht, das heißt Dinge, die bis dahin nicht offenbart waren (1. Kor 14,2). Die Geheimnisse im Neuen Testament sind immer Dinge, die bis dahin nicht bekannt, jetzt aber offenbart sind, jedoch nur von dem geistlich gesinnten Christen verstanden werden (vergleiche besonders 1. Kor 15,51; Eph 3,3-5).

Wer in einer Zusammenkunft von Gläubigen in einer Sprache redete, erbaute nur sich selbst. Ist das jedoch der

Zweck des Sprechens in einer Versammlung? Paulus fordert deshalb, dass jemand das Gesagte auch auslegen muss, damit die Versammlung Erbauung empfängt (Verse 4.5.6.9.13). Ebenso ist es mit dem Beten und dem Preisen in einer Sprache, die niemand versteht (Verse 14-17).

Ein weiteres Argument des Apostels ist der Hinweis auf den Eindruck, den das Reden in Sprachen in einer Versammlung auf Ungläubige und Unkundige macht.

Wenn sie diese Sprachen nicht verstehen, werden sie nicht sagen, dass die Versammelten von Sinnen sind (Vers 23)? Schließlich gibt der Apostel eine Anweisung, die auch heute noch Gültigkeit hat. Der Brief an die Korinther ist ja gerichtet an die „Versammlung Gottes, die in Korinth ist, ... samt allen, die an jedem Ort den Namen unseres Herrn Jesus Christus anrufen" (1. Kor 1,2). Diese Anweisung lautet: „Die Frauen sollen schweigen in den Versammlungen, denn es ist ihnen nicht erlaubt zu reden, sondern sie sollen sich unterordnen, wie auch das Gesetz sagt. Wenn sie aber etwas lernen wollen, so sollen sie daheim ihre eigenen Männer fragen; denn es ist schändlich für eine Frau, in der Versammlung zu reden" (Verse 34-35). Wie leicht setzen sich heute viele christliche Gemeinschaften über dieses Wort hinweg! Gerade wenn es sich um das so genannte „Zungenreden" handelt, spielen Frauen in den Zusammenkünften oft eine dominierende Rolle, was offensichtlich im klaren Widerspruch zu Gottes Wort steht. Diese Tatsache allein sollte jeden ernsten Christen nachdenklich stimmen. „Geliebte, glaubt nicht jedem Geist, sondern prüft die Geister, ob sie aus Gott sind" (1. Joh 4,1).

Der Apostel gesteht den Korinthern in ihren Zusammenkünften das Reden in Sprachen zwar zu – es ist ja eine Gnadengabe Gottes –, aber nur unter zwei Bedingungen: Erstens dürfen nur zwei oder höchstens drei nacheinander sprechen, und zweitens *muss* ein Ausleger da sein. Wenn dieser fehlt, darf nicht laut in Sprachen geredet werden (Verse 27-28).

Wir haben nun einen kurzen Überblick über die Mitteilungen der Heiligen Schrift über die Gnadengabe des Redens in Sprachen gegeben. Sie ist eine von Gott gegebene Gabe, die wie die Gnadengaben der Heilungen zu Seiner Verherrlichung und zu einem Zeichen für die Menschen dienen sollte.

Gibt es heute noch Reden in Sprachen?

Eine klare und eindeutige Angabe, dass es die Zeichengaben wie das Reden in Sprachen und die Gnadengaben der Heilungen zu einer späteren Zeit nicht mehr geben würde, finden wir im Neuen Testament nicht. Aber andererseits steht auch nirgendwo geschrieben, dass sie bis ans Ende der christlichen Epoche erhalten bleiben! Mancher wird vielleicht sagen: Das ist kein Argument! Als Antwort hierauf führen wir eine Stelle an, in der der Heilige Geist ausdrücklich sagt, dass bestimmte Gaben fortdauern werden. „Und er hat die einen gegeben als Apostel und andere als Propheten und andere als Evangelisten und andere als Hirten und Lehrer, zur Vollendung der Heiligen, für das Werk des Dienstes, für die Auferbauung des Leibes des Christus, bis wir alle hingelangen zu der Einheit des Glaubens und der Erkenntnis des Sohnes Gottes, zu dem erwachsenen Mann, zu dem Maß des vollen Wuchses der Fülle des Christus" (Eph 4,11-13).

Der Herr Jesus sieht hier Seine Versammlung als Seinen Leib vor sich, und zwar von dem Augenblick an, als die Apostel und Propheten des Neuen Testamentes am Anfang den Grund dazu legten (Eph 2,20; 3,5), bis zu dem Punkt, an dem das Maß des vollen Wuchses der Fülle des Christus erreicht sein wird. Dies ist das Ziel des Dienstes der Gaben. Aber wird es hier auf der Erde je erreicht werden? Wird es hier je eine Einheit des Glaubens und eine Einheit der Erkenntnis des Sohnes Gottes bei allen Christen geben?

Jeder Leser mag für sich die Antwort finden, wenn er den gegenwärtigen Zustand des Christentums betrachtet. Wenn jedoch vielleicht schon bald die Versammlung verherrlicht, ohne Flecken und Runzel oder etwas dergleichen mit ihrem Haupt im Himmel vereinigt sein wird, dann ist Sein Ziel erreicht! Bis zu jenem Augenblick bemüht sich der Herr als Heiland Seines Leibes durch den Heiligen Geist, durch Sein Wort, aber auch durch die Gaben der Evangelisten, Hirten und Lehrer um die Auferbauung Seines Leibes, und zwar so lange, *„bis wir alle hingelangen ...“*. Kein Wort von Sprachen und Heilungen! Diese Zeichengaben waren nicht für die Auferbauung des Leibes gegeben, sondern als Zeichen der Macht und des Wirkens Gottes. Jeder, der heute die großen Taten Gottes und Sein Heilswirken kennen lernen will, kann das vollendete Wort Gottes aufschlagen. Er wird darin alles finden, was zum Heil seiner Seele und zu einem gottseligen Wandel notwendig ist.

Es gibt außerdem noch einige sehr starke Argumente, die dafür sprechen, dass die Zeichengaben des Redens in Sprachen und der Heilungen ihren Platz nur in der ersten Zeit der Versammlung Gottes hatten.

a) Wenn in der bereits erwähnten Stelle in Hebräer 2,4 – also Anfang der sechziger Jahre des ersten nachchristlichen Jahrhunderts – der Schreiber von Zeichen, Wundern, mancherlei Wunderwerken und Austeilungen des Heiligen Geistes spricht, so tut er das in der Vergangenheitsform: „ ... wobei Gott außerdem mitzeugte ..." Das lässt den Schluss zu, dass diese außergewöhnlichen Dinge, zu denen ja auch das Reden in Sprachen gehörte, damals bereits der Vergangenheit angehörten.

b) Dieser Gedanke wird bestätigt in 1. Korinther 13,8-10: „Die Liebe vergeht niemals; seien es aber Weissagungen, sie werden weggetan werden; seien es Sprachen, sie werden aufhören; sei es Erkenntnis, sie wird weggetan werden. Denn wir erkennen stückweise, und wir weissagen stückweise; wenn aber das Vollkommene gekommen sein wird, so wird das, was stückweise ist, weggetan werden."

Die göttliche Liebe bleibt ewig, denn sie ist Gottes Wesen. Aber es kommt ein Augenblick, da wird keine Weissagung und keine Erkenntnis, nach der man sucht, mehr vonnöten sein, dann nämlich, wenn das Vollkommene mit der Wiederkunft des Herrn zur Heimholung der Seinigen gekommen sein wird. Dann wird es kein Stückwerk mehr geben, es wird weggetan werden. Das hier verwendete griechische Verb *katargeo* bedeutet auch „vernichten, vertilgen, beseitigen" usw. Aber im Gegensatz dazu heißt es von den Sprachen, dass sie „aufhören" werden. Das griechische Verb *pauo* bedeutet auch „ablassen, abklingen, zur Ruhe komen" usw. Weissagung, Erkenntnis, alles was stückweise ist, wird bei der

Wiederkunft des Herrn weggetan werden. Aber die Sprachen werden aufhören. Ein weiterer Hinweis also, dass die Sprachen zu einem anderen, was nur bedeuten kann: einem früheren Zeitpunkt, aufhören werden als Erkenntnis und Weissagung, die bei der Entrückung der Braut weggetan werden.

c) Noch einmal sei die Parallele erwähnt, die zwischen den Wunderwerken besteht, die Mose vor dem Auszug Israels aus Ägypten tat, und den Zeichen, die der Herr in Markus 16 den Seinigen ankündigte, welche alle in der ersten Zeit des Christentums ihre Erfüllung fanden und in der Apostelgeschichte beschrieben werden. Die Zeichen und Wunder in Verbindung mit dem Auszug des Volkes Israel aus Ägypten dauerten auch nicht an. Ähnlich wie in Hebräer 2,4 wird in 5. Mose 26,8 rückblickend gesagt: „Und der HERR führte uns aus Ägypten heraus mit starker Hand und mit ausgestrecktem Arm und mit großem Schrecken und mit *Zeichen und mit Wundern.*" Prophetisch betrachtet ist der Auszug der Kinder Israel aus Ägypten ein Bild vom Anfang der christlichen Kirche auf der Erde. Es ist bezeichnend, dass die Parallele sich bis in solche Einzelheiten erstreckt.

d) In den Schriften der Kirchenväter der ersten drei bis vier Jahrhunderte finden sich keine Hinweise darauf, dass das Reden in Sprachen die ersten Jahrzehnte des Christentums überdauert hätte. Nur Eusebius (ca. 260-339) macht eine Aussage über das „Zungenreden" , und zwar in seiner Beschreibung der Tätigkeit des Irrlehrers Montanus, der behauptete, der verheißene Paraklet (Sachwalter) zu sein. Damit wird die

Wahrheit der Aussage in 1. Korinther 13,8 durch die Kirchengeschichte aufs deutlichste bestätigt.

Zum Schluss eine ernste Frage an unser Herz und Gewissen. Die Christen sind unter sich zerrissen und gespalten. Die Einheit des Geistes ist allgemein nicht bewahrt geblieben. Das ist eine tief demütigende Tatsache. Wenn Gott heute noch durch diese Wunderwirkungen, auch des Redens in Sprachen, „mitzeugen" würde, wo und in welcher Gruppe von Christen sollte Er es tun? Gibt es *eine* Gruppe von Gläubigen, die von sich behaupten könnte, dass sie ihre erste Liebe bewahrt, das Wort Gottes gehalten und den Namen des Herrn nicht verleugnet habe (Offb 2 und 3)? Das Höchste, was der Herr im Sendschreiben an Philadelphia zugesteht, ist eine kleine Kraft. Wenn heute tatsächlich diese von Gott gewirkten Zeichen noch vorkämen, wäre nicht geistlicher Hochmut die Folge?

In der Tat ist es so, dass die Kreise, in denen das „Zungenreden" als besondere Geisteswirkung verstanden und erstrebt wird, ständig davon reden, dass anderen etwas Wesentliches im Glaubens- und Gemeindeleben fehle. Was heute jedoch weithin fehlt, ist geistliche Nüchternheit, Besonnenheit und ein Festhalten an dem Wort Gottes.

4. Die so genannten „Weissagungen" und „Offenbarungen"

„Mein Volk wird vertilgt aus Mangel an Erkenntnis", sagt Gott zu dem Propheten Hosea (Hos 4,6). Leider ist auch heute ein beklagenswerter Mangel an Kenntnis der Gedanken Gottes bei vielen Christen festzustellen. Wie viele Gläubige sind in der Lage zu erklären, was die Heilige Schrift, besonders das Neue Testament, mit „Weissagung" meint? Das ist jedoch die Grundvoraussetzung, um den vielen falschen Vorstellungen und Äußerungen in der rechten Weise zu begegnen! Wie viele Gläubige werden von den Behauptungen der Charismatiker über so genannte Weissagungen oder Offenbarungen beeindruckt und gar mitgerissen! Nüchternheit erweist sich als notwendig, und das Beispiel der Beröer ist auch für uns heute noch richtungsweisend. Als der große Apostel Paulus ihnen das Evangelium verkündigte, nahmen sie das Wort mit aller Bereitwilligkeit auf. Aber gleichzeitig untersuchten sie täglich die Schriften, „ob dies sich also verhielte" (Apg 17,11).

Weissagungen

Prüfen wir also zunächst, was das Neue Testament über Propheten (griech. *prophetes*), Prophezeiung oder

Weissagung (griech. *propheteia*) und Weissagen (griech. *propheteuo*) aussagt. Alle diese Worte gehören im Griechischen zu demselben Wortstamm. Die landläufige, aber falsche Meinung ist, dass ein Prophet jemand sei, der zukünftige Dinge voraussagt. Wenn wir jedoch zum Beispiel die alttestamentlichen Bücher der Propheten Jona und Haggai lesen, stellen wir fest, dass sie entweder gar keine oder nur wenige Zukunftsvorhersagen ausgesprochen haben. Jona hatte die Aufgabe, im Auftrag Gottes die Einwohner Ninives zur Buße zu rufen. Er war gleichsam ein „Evangelist".

Und Haggai wurde von Gott beauftragt, den matt und weltförmig gewordenen Überrest Israels zur Umkehr zu rufen. Nur der letzte seiner vier Aussprüche an das Volk enthält eine Vorausschau auf die Endzeit und den Messias (Hag 2,21-23).

Zwar haben die meisten der alttestamentlichen Propheten wie Jesaja, Jeremia, Hesekiel und Daniel zukünftige Dinge vorausgesagt. Aber das ist nicht das Hauptkennzeichen des Propheten. Ein Elia und ein Elisa haben in erster Linie das Gewissen des Volkes angesprochen. Elia sagt am Anfang seines Dienstes: „So wahr der HERR lebt, der Gott Israels, *vor dessen Angesicht ich stehe* ..." (1. Kön 17,1). Das ist das Kennzeichen eines Propheten, dass er in der unmittelbaren *Gegenwart Gottes*, in praktischer *Gemeinschaft* mit Ihm steht. Aus dieser Gemeinschaft mit Gott heraus kann er sagen, was Gottes Gedanken sind, die den jeweiligen Zustand der Empfänger der Botschaft ins göttliche Licht stellen. So fordert Petrus von den Gläubigen: „Wenn jemand redet, so rede er als Aussprüche Gottes" (1. Petr 4,11), das heißt Worte, die er aus der praktischen Gemeinschaft mit Gott empfängt, und die dem jeweiligen Zustand der Hörer so angepasst sind, dass sie das Gewissen erreichen. Das griechische Wort *logia*, das hier mit „Aussprüche" wiedergegeben wird, bezeichnet auch die Orakel der heidnischen griechischen Götter.

Der Dienst eines Lehrers ist für diejenigen nützlich, die geistlich gesinnt sind und Interesse an den Dingen des Herrn haben. Der Dienst des Propheten aber erreicht auch die Gewissen derer, die ungeistlich und gleichgültig geworden sind! „Wenn aber alle weissagen, und irgendein Ungläubiger oder Unkundiger kommt herein, so wird er von allen überführt, von allen beurteilt; das Verborgene seines Herzens wird offenbar, und so, auf sein Angesicht fallend, wird er Gott anbeten und verkündigen, dass Gott wirklich unter euch ist" (1. Kor 14,24-25).

Nach dieser kurzen Erklärung können wir das im vierzehnten Kapitel des ersten Korintherbriefes über die Weissagung Gesagte richtig verstehen. In diesem Abschnitt warnt der Apostel die Korinther vor der Überbewertung der Gabe des Redens in Sprachen und fordert sie auf, danach zu streben, zu weissagen. „Strebt nach der Liebe; eifert aber nach den geistlichen Gaben, viel mehr aber, dass ihr weissagt" (1. Kor 14,1). Die Weissagung oder Prophezeiung ist eine Gnadengabe Gottes. Nach diesem Dienst sollten die Korinther in erster Linie trachten. Er setzt jedoch voraus, dass derjenige, der weissagt, in enger Gemeinschaft mit dem Herrn steht. Wer so den Dienst der Weissagung ausübt, „redet den Menschen zur Erbauung und Ermahnung und Tröstung ... Wer aber weissagt, erbaut die Versammlung" (1. Kor 14,3-4). „Propheten aber lasst zwei oder drei reden, und die anderen lasst urteilen ... denn ihr könnt einer nach dem anderen alle weissagen, damit alle lernen und alle getröstet werden" (1. Kor 14,29.31). Dieser Dienst hat mehr als jeder andere die praktische Förderung des Glaubenslebens der Versammlung zum Ziel. Wir verstehen daher gut, dass der Apostel den Korinthern schreibt: „Wer aber weissagt ist größer, als wer in Sprachen redet" (1. Kor 14,5). Aber auch dieser Dienst unterliegt wie jeder andere dem Urteil der übrigen Gläubigen.

Nach dem Zeugnis des Neuen Testamentes wurde dieser prophetische Dienst auch von Schwestern ausgeübt (Apg 21,9; 1. Kor 11,4.5), aber nur außerhalb der Zusammenkünfte der Gläubigen, weil den Frauen nach Gottes Wort in den Zusammenkünften Schweigen geziemt (1. Kor 14,34-35).

Offenbarungen

Die Gabe des Propheten besaß in der Gründungszeit der Versammlung Gottes auf Erden eine besondere Stellung, die der der Apostel ähnelte. In 1. Kor 12,28.29 werden die Propheten in der Reihenfolge der Gaben an zweiter Stelle nach den Aposteln genannt: „Und Gott hat einige in der Versammlung gesetzt: erstens Apostel, zweitens Propheten, drittens Lehrer" (vergleiche Eph 4,11). In Epheser 2,20 werden Apostel und Propheten als Grundlage des göttlichen Bauwerkes bezeichnet: „Aufgebaut auf die Grundlage der Apostel und Propheten, indem Christus Jesus selbst Eckstein ist, in welchem der ganze Bau, wohl zusammengefügt, wächst zu einem heiligen Tempel im Herrn, in dem auch ihr mitaufgebaut werdet zu einer Behausung Gottes im Geist." Die Erklärung für diese besondere Stellung, die die Propheten mit den

Aposteln gemeinsam einnahmen, finden wir in Epheser 3,5. Dort ist von dem Geheimnis des Christus die Rede, „das in anderen Geschlechtern den Söhnen der Menschen nicht kundgetan worden ist, wie es jetzt offenbart worden ist seinen heiligen Aposteln und Propheten im Geist".

Diese Propheten des Neuen Testamentes empfingen *Offenbarungen* von Seiten Gottes, die für den Bau und die Belehrung der Versammlung Gottes nötig waren. Die Dinge, die den Propheten und Aposteln offenbart wurden, waren bis dahin in Gott verborgene *Geheimnisse*. Darin wurde die Weisheit Gottes für den Gläubigen der jetzigen Zeit entfaltet (1. Kor 2,7), und der ganze Reichtum der Herrlichkeit Gottes ist darin enthalten (Kol 1,26). Es wird von dem Geheimnis des Evangeliums (Eph 6,19) und dem Geheimnis des Christus (Eph 3,4; Kol 4,3) gesprochen. Dieses Geheimnis beinhaltet die Herrlichkeit des Christus, des Sohnes des Menschen zur Rechten Gottes, und die Vereinigung der Gläubigen, die zu Seinem Leib gehören, mit Ihm, der als Haupt über alle Dinge der Versammlung gegeben ist.

Alle Wahrheiten, die mit diesem herrlichen Geheimnis verbunden sind, wurden den Propheten des Neuen Testamentes durch Gottes Geist offenbart. Das geschah nicht mit einem Mal, sondern im Lauf der ersten Jahre des Christentums. Paulus war ein besonderes Werkzeug, ein auserwähltes Gefäß, das Gott zu diesem Zweck zubereitet hatte. Entsprechend der Verwaltung der Gnade Gottes war ihm durch Offenbarung dieses Geheimnis *mitgeteilt* worden (Eph 3,2), Gott hatte ihm ein besonderes *Verständnis* in dem Geheimnis des Christus geschenkt (Eph 3,4), und schließlich war ihm die Gnade gegeben worden, unter den Nationen den unergründlichen

Reichtum des Christus zu *verkündigen*, und alle zu erleuchten, welches die Verwaltung dieses Geheimnisses sei (Eph 3,8-9).

Durch die Mitteilung dieser Geheimnisse in Verbindung mit Christus und Seiner Versammlung wurde der Kreis der Offenbarungen Gottes geschlossen. Als Diener der Versammlung war Paulus nach der Verwaltung Gottes berufen, das Wort Gottes zu *vollenden* (Kol 1,25). Er brachte die bis dahin unbekannten Geheimnisse Gottes ans Licht. Zwar war er nicht der letzte Schreiber des Neuen Testamentes, aber nach ihm wurden keine grundlegenden neuen Dinge mehr offenbart.

In der Zeit, als das Neue Testament noch nicht vollendet war, wurden also noch neue Offenbarungen gegeben. Davon ist auch in 1. Korinther 14 die Rede. Paulus schreibt: „Jetzt aber, Brüder, wenn ich zu euch komme ..., was werde ich euch nützen, wenn ich nicht zu euch rede, entweder in *Offenbarung* oder in Erkenntnis oder in Weissagung oder in Lehre?" Die Unterweisung der Gläubigen wird hier in vier verschiedene Teile zerlegt. Offenbarung ist die Mitteilung neuer, bisher unbekannter Wahrheiten. Erkenntnis ist das Verständnis der göttlichen Gedanken (vergleiche 1. Kor 12,8). Weissagung kann wie Offenbarung die Mitteilung neuer, zukünftiger Dinge beinhalten, es kann aber auch die Erleuchtung der Gewissen der Zuhörer gemeint sein, wie wir gesehen haben. Offenbarung und Weissagung ist also nicht dasselbe! Lehre schließlich ist die Unterweisung in den Gedanken Gottes, besonders die Auslegung der Heiligen Schrift.

In der ersten Zeit vor Vollendung des Neuen Testamentes kamen im mündlichen Dienst der Gläubigen wohl des öfteren Offenbarungen vor. „Wenn ihr zusammenkommt, so hat ein jeder von euch einen Psalm, hat eine Lehre, hat eine Offenbarung, hat eine Sprache, hat eine Auslegung; alles geschehe zur Erbauung ... Wenn aber einem anderen, der dasitzt, eine Offenbarung zuteil wird, so schweige der erste“ (1. Kor 14,26.30). Seitdem der Kreis der göttlichen Offenbarungen und Mitteilungen durch die Schreiber des Neuen Testamentes geschlossen ist, gibt es keine neuen Offenbarungen mehr. Paulus war das Werkzeug, durch den das Wort Gottes vollendet worden ist. Im letzten Buch der Bibel heißt es ausdrücklich: „Ich bezeuge jedem, der die Worte der Weissagung dieses Buches hört: Wenn jemand zu diesen Dingen hinzufügt, so wird Gott ihm die Plagen hinzufügen, die in diesem Buch geschrieben sind; und wenn jemand von den Worten des Buches dieser Weissagung wegnimmt, so wird Gott sein Teil wegnehmen von dem Baum des Lebens und aus der heiligen Stadt, wovon in diesem Buch geschrieben ist“ (Offb 22,18-19).

Wir fassen das im Neuen Testament über Offenbarungen und Weissagungen Gesagte zum Schluss noch einmal kurz zusammen.

a) Offenbarung bedeutet die Mitteilung neuer, bislang nicht bekannter Gedanken Gottes. Seit der Vollendung des Neuen Testamentes gibt es keine neuen Offenbarungen in Bezug auf die Wahrheit des Christentums mehr.
b) Weissagung oder prophetischer Dienst ist ein vom Heiligen Geist gewirktes Reden aus der unmittelbaren Gemeinschaft mit Gott, um die Herzen und Gewissen der Zuhörer zu erreichen und sie zu erbauen. Sofern es sich dabei um Mitteilung neuer Wahrheiten in der Entstehungszeit des Neuen Testamentes handelte,

ähnelte dieser Dienst dem der Offenbarung, und es gilt dafür das unter a) Gesagte. Sofern es sich jedoch um „Aussprüche Gottes“ (1. Petr 4,11) handelt, das heißt, dass das Wort Gottes an die Herzen und Gewissen gerichtet wird, um sie in Sein Licht zu stellen, glauben wir, dass dieser Dienst auch heute noch geschehen kann.

Die Vielzahl nicht eingetroffener so genannter „Weissagungen“ oder „Offenbarungen“ moderner christlicher Propheten sollte jeden Christen, der mit diesen Dingen liebäugelt, zur Besinnung bringen. Zwar gibt es auch viele Weissagungen und Verheißungen Gottes in der Heiligen Schrift, die noch auf Erfüllung warten. Von ihnen sagt der Apostel Petrus jedoch: „Und so besitzen wir das prophetische Wort umso fester, auf das zu achten ihr wohl tut, als auf eine Lampe, die an einem dunklen Ort leuchtet, bis der Tag anbricht und der Morgenstern aufgeht in euren Herzen; indem ihr dies zuerst wisst, dass keine Weissagung der Schrift von eigener Auslegung ist. Denn die Weissagung wurde niemals durch den Willen des Menschen hervorgebracht, sondern heilige Menschen Gottes redeten, getrieben vom Heiligen Geist“ (2. Petr 1,19-21).

5. Die so genannten „Gebetsheilungen“

Wer hätte nicht schon in Gesprächen von so genannten „Gebetsheilungen“ gehört? Sie sind ein nahezu unerschöpfliches Gesprächsthema. Wir stellen jedoch fest, dass dieses Wort in der Heiligen Schrift gar nicht vorkommt. Dagegen könnte man einwenden, dass das doch an sich nichts Außergewöhnliches sei. Wir möchten bei dieser Gelegenheit aber auf die Gefahr hinweisen, dass mit nicht schriftgebundenen Ausdrücken auch leicht unschriftgemäße Gedanken verbunden werden.

So scheint es auch mit den so genannten Gebetsheilungen zu stehen. Immer wieder hört man die Frage: „Kann Gott denn heute keine Wunder mehr tun?“ Als Antwort möchte ich eine Begebenheit erwähnen, die sich vor Jahren in einer gläubigen Familie in Ostfriesland zugetragen hat. Bei einer jungen Mutter mehrerer Kinder wurde Krebs konstatiert. Eine Reihe von Untersuchungen folgte und ergab: Krebs in weit fortgeschrittenem Stadium. Zur Operation, die allerdings wenig Aussicht auf Erfolg verhieß, wurde die gläubige Frau in eine weit entfernte Universitätsklinik überwiesen. Sie war völlig ruhig im Vertrauen auf ihren Herrn. Aber ihr Mann und ihre Familie beteten unablässig und mit großem Glauben für ihre Genesung. Kurz nach ihrer Einlieferung in das Universitätskrankenhaus wurde ihr von den Professoren mitgeteilt, dass die erneuten Untersuchungen absolut keinen Befund mehr ergeben hätten! Die Ärzte standen vor einem Rätsel. Die Frau aber wusste und bezeugte, dass hier Gott mächtig eingegriffen hatte. Sie kehrte nach Hause zurück und lebt heute gesund inmitten ihrer Familie.

Gott sei Dank, dass Er auch heute noch Wunder tut! Aber dürfen wir aus dieser Tatsache voreilig den Schluss ziehen, dass es eine Gabe der „Gebetsheilung" gibt? Wir wollen auch hier die Heilige Schrift sprechen lassen.

Die Argumente der so genannten „Gebetsheiler"

Es sind fast immer dieselben Argumente, die für die so genannten „Gebetsheilungen" angeführt werden. Erstens sagt man, der Gläubige brauche nicht krank zu sein, da die Heilung in der Versöhnung einbegriffen sei. Dazu wird oft Jesaja 53,4.5 angeführt: „Doch er hat unsere Leiden getragen, und unsere Schmerzen hat er auf sich geladen. Und wir, wir hielten ihn für bestraft, von Gott geschlagen und niedergebeugt; doch um unserer Übertretungen willen war er verwundet, um unserer Ungerechtigkeiten willen zerschlagen. Die Strafe zu unserem Frieden lag auf ihm, und durch seine Striemen ist uns Heilung geworden." Diese Verse werden teilweise in Matthäus 8,17 und 1. Petrus 2,24 angeführt. In Matthäus 8 heilte der Herr alle Leidenden, „damit erfüllt würde, was durch den Propheten Jesaja geredet ist, der spricht: ..." In Seinem Leben machte der Herr Jesus sich eins mit Seinem irdischen Volk Israel und dessen Leiden. Aber das ist nicht der eigentliche tiefe Sinn der Weissagung des Jesajas. Das hier durch „damit" wiedergegebene griechische Wort *hopos* deutet im Matthäusevangelium immer an, dass das Geschehene zwar im Rahmen der angeführten Weissagung liegt, aber nicht ihr einziger und vollständiger Sinn ist (vergleiche Mt 2,23), im Gegensatz zu der griechischen Konjunktion *hina* „damit“, die immer dann gebraucht wird, wenn die angeführte alttestamentliche Weissagung tatsächlich in Erfüllung gegangen ist (vergleiche Mt 1,22; 2,15; 4,14; 21,4). Der wahre Sinn der Weissagung wird uns in 1. Petrus 2,24 erklärt: „Der selbst unsere Sünden an seinem Leib auf dem Holz getragen hat, damit wir, den Sünden abgestorben, der Gerechtigkeit leben, durch dessen Striemen ihr heil geworden seid.“ Hier erklärt Gottes Wort im Neuen Testament selbst, dass die Heilung nicht körperlich, sondern geistlich zu verstehen ist. Es handelt sich dabei um unsere Sünden. Das Millennium bringt dann die wörtliche Erfüllung.

Zweitens wird oft Hebräer 13,8 angeführt: „Jesus Christus ist derselbe gestern und heute und in Ewigkeit.“ Diese Worte werden dann so erklärt, als bedeuteten sie, dass es kein Ende der Zeit der Wunder und Zeichen gäbe. Demnach gelten Markus 16,18 und Johannes 14,12 immer und für jeden. Es wird gesagt: Jesus vergab Sünden in der Vergangenheit, Er vergibt sie in der Gegenwart – aber tut Er es auch in Ewigkeit? Das wäre doch die logische Konsequenz, wenn man diesen Vers so auslegen könnte. Aber wir sehen, wie gefährlich solche oberflächlichen Argumente sind. Ja, der Herr *ist* immer derselbe! Aber *handelt* Er auch immer auf die gleiche Weise? Sind die Handlungen und Offenbarungen Gottes im Alten Testament die gleichen wie im Neuen Testament? Ist die Zeit der Gnade dem Tausendjährigen Reich gleich? Und ist schließlich auch der Anfang der Ekklesia Gottes in Einheit und Kraft in allen Bereichen zu vergleichen mit der heutigen Zeit der Zersplitterung und des geistlichen Niedergangs? Wir haben bei der Beurteilung des so genannten „Zungenredens“ schon auf die Besonderheit der Anfangszeit der Ekklesia hingewiesen.

Drittens wird unter Bezugnahme auf Gottes Wort gesagt: Gott erhört das Gebet des Glaubens, auch wenn es um die Heilung von Kranken geht (vergleiche Joh 14,13.14; 1. Joh 5,14; Jak 5,15). Hierzu haben wir bereits ein Beispiel am Anfang dieses Kapitels angeführt. Es könnten sicher noch manche hinzugefügt werden.

Ja, Gott hört die Gebete Seiner Kinder. Aus dem Wort Gottes und aus unserer Erfahrung wissen wir jedoch, dass Gott nicht alle unsere Gebete erhört. Das Gebet des kranken Königs Hiskia wurde erhört und er wurde gesund (Jes 38,1-5). Das Gebet Davids für sein mit Bathseba im Ehebruch gezeugtes Kind wurde jedoch nicht erhört (2. Sam 12,15-18). Zwar antwortet Gott auf jedes Gebet, aber das ist nicht immer gleichbedeutend mit Erhörung! Wie oft wissen wir gar nicht, was und wie wir bitten sollen, und manchmal bitten wir für törichte oder gar Seinem Worte widersprechende Dinge. Die kann Gott doch nicht zu unserem Segen erhören!

Die oft angeführten Stellen Johannes 14,13.14 und 1. Johannes 5,14 sprechen vom Beten im Namen Christi und nach dem Willen Gottes. In Matthäus 18,19 finden wir noch das Beten von zweien, die über irgendeine Sache übereinkommen. In allen drei Fällen wird die Erhörung der Gebete als sicher vorausgesagt. Wie steht es aber nun in Wirklichkeit damit? Genügt es, im Gebet zu sagen: „Wir bitten dies im Namen Jesu“, damit wir erhört werden? Oder ist nicht vielmehr gemeint, dass wir wirklich in der Kraft und Gemeinschaft unseres Herrn zu dem Vater kommen? Kann das bei jedem Gebet für Kranke gesagt werden? Noch deutlicher wird es bei dem Beten nach dem Willen Gottes. In Johannes 15,7 wird die Erhörung unserer Gebete davon abhängig gemacht, dass wir in Ihm bleiben und Seine Worte in uns bleiben. Das bedeutet, dass wir in Gemeinschaft mit dem Herzen und Willen des Herrn leben, Sein Wort kennen und danach leben. Das ist ein sehr hoher Maßstab für unser Leben und die Erhörung unserer Gebete. Können wir immer sagen, dass wir diesem Maßstab entsprechen? Matthäus 18,19 bezieht sich dem Zusammenhang nach nur auf die Zucht in der Versammlung.

Das dürfen wir nicht übersehen. Sonst könnten ja zwei Christen in irgendeiner Sache einmütig beten und würden immer erhört werden, auch wenn die Bitten fleischlich sind!

In Matthäus 21,22 und Markus 11,24 wird jedoch keine Bedingung gestellt, außer dem Glauben des oder der Betenden. Dieser Glaube muss aber eine feste Grundlage haben. Wir glauben an Gott, an das Werk des Herrn Jesus Christus auf Golgatha und an unsere ewige Errettung, nicht weil wir uns zu einer bestimmten Überzeugung durchgerungen haben, sondern weil wir auf dem festen Grund des offenbarten Wortes Gottes stehen! So brauchen wir auch eine biblische Grundlage für unseren Glauben, wenn wir ohne Zweifel beten wollen.

Krankenheilungen des Herrn Jesus

Die meisten Berichte über Krankenheilungen in der Bibel finden wir in den Evangelien, in denen uns das Leben und Sterben unseres Herrn und Heilandes beschrieben wird. Anfangend mit der Heilung des Sohnes des königlichen Beamten in Johannes 4,43ff bis zu der Heilung der zwei Blinden, von denen einer Bartimäus hieß (Mt 20,29ff; Mk 10,46ff; Lk 18,35ff), sind die Heilungsberichte von wohl zweiunddreißig Personen aufgezeichnet. Außerdem heilte der Herr Jesus noch unzählige andere Menschen, deren Geschichten nicht einzeln überliefert sind (vergleiche Mt 8,16; 14,34 und 15,29).

Gott weilte in der Person Seines Mensch gewordenen Sohnes gegenwärtig bei Seinem irdischen Volk Israel und in einer von der Sünde und ihren Folgen geschlagenen Welt. Wo Jesus wandelte, wurden Tote auferweckt, Kranke gesund, Arme gespeist und Sünder zum lebendigen Glauben geführt. „Die *Kraft* des Herrn war da, dass er heilte" (Lk 5,17). „Und die ganze Volksmenge suchte ihn anzurühren, denn es ging *Kraft* von ihm aus und heilte alle" (Lk 6,19). Diese *Kraft* Gottes ist ein bemerkenswertes Kennzeichen der Tätigkeit des Herrn. Als eine blutflüssige Frau im Glauben die Quaste Seines Kleides anrührte, um geheilt zu werden, fragte Er: „Es hat mich jemand angerührt; denn ich habe erkannt, dass *Kraft* von mir ausgegangen ist" (Lk 8,46).

Später in der Apostelgeschichte kommt in dem Zeugnis der Jünger immer wieder zum Ausdruck, dass der Herr ein Mann war, „von Gott vor euch bestätigt durch *mächtige Taten* und Wunder und Zeichen, die Gott durch ihn in eurer Mitte tat" (Apg 2,22), und dass „Gott ihn mit Heiligem Geist und mit *Kraft* gesalbt hat, der umherging, wohl tuend und alle heilend, die von dem Teufel überwältigt waren; denn Gott war mit ihm" (Apg 10,38).

Die Offenbarung der Macht Gottes war eines der Kennzeichen Christi während Seines Erdenlebens, denn in Ihm, dem Sohn, hat Gott am Ende dieser Tage zu uns geredet. Wir können uns hier nur mit den Heilungen der Kranken durch Ihn beschäftigen. Wie wurde dadurch deutlich, dass Er von Gott gesandt war! In den weitaus meisten Fällen war es nur der Wille des Herrn, der wirksam war, wenn die Menschen zu Ihm kamen, um geheilt zu werden. Sie wurden von Besessenheit befreit (Mk 1,21ff; 3,20ff; 5,1ff; 9,14), von Aussatz gereinigt (Lk 5,12ff; 17,11ff), von Blindheit geheilt (Mt 9,27ff; Mk 8,22ff; 10,46ff), und von vielen anderen Krankheiten genesen.

Aber dann, wenn die Kranken in ihrem Glauben mehr suchten als Befreiung von ihren körperlichen Leiden, stehen im Text nicht die normalen Worte für „heilen" (griechisch *hiaomai* und *therapeuo*), sondern ein Wort, das auch „retten" oder „erretten" bedeutet (griechisch *sozo*). Dieses Wort wird in den Briefen auch für die Errettung der Seele gebraucht. Als die blutflüssige Frau den Herrn im Glauben anrührte und geheilt wurde, fiel sie zitternd vor Ihm nieder und verkündete vor dem ganzen Volk, was ihr widerfahren sei. Darauf sprach der Herr: „Tochter, dein Glaube hat dich geheilt (oder: gerettet); geh hin in Frieden" (Lk 8,48). Ebenso wird von dem Besessenen berichtet, dass er geheilt (oder: gerettet) worden sei. Auf die Aufforderung des Herrn, nach Hause zu gehen um zu erzählen, wie viel Gott an ihm getan habe, ging er hin und rief aus durch die ganze Stadt, wie viel Jesus an ihm getan hatte (Lk 8,36-39). Bei dem blinden Bartimäus lesen wir ebenfalls, dass der Herr nach erfolgter Heilung zu ihm sprach: „Geh hin, dein Glaube hat dich geheilt (oder: gerettet). Und sogleich wurde er wieder sehend und folgte ihm nach auf dem Weg" (Mk 10,52). In diesen besonderen Fällen ist klar erkennbar, dass der Glaube der Geheilten nicht nur auf die körperliche Gesundung ausgerichtet war, sondern dass sie aufgrund dieses ihres Glaubens auch die Heilung, die Errettung der Seele empfingen. Ihr Glaube betraf nicht in erster Linie oder gar ausschließlich ihre körperliche Gesundheit, sondern es war der Glaube von Menschen, die wussten, dass sie ohne Christus verloren waren.

Die biblischen Gnadengaben der Heilungen

Wie wir bereits bei der Behandlung des so genannten „Zungenredens" gesehen haben, gab der aufgefahrene und verherrlichte Herr den Seinen die verschiedensten Gnadengaben. Nicht alle hatten nur die Förderung der Verkündigung und die Auferbauung der Gläubigen zum Ziel, sondern einige von ihnen sollten als besondere Zeichengaben die Macht und Herrlichkeit Gottes hervorstrahlen lassen. Das gilt in ganz besonderer Weise für die Gnadengaben der Heilungen. Auch sie erwähnt der Herr in Seinem Auftrag in Markus 16,17-18: „Diese *Zeichen* aber werden denen folgen, die glauben: In meinem Namen werden sie Dämonen austreiben; sie werden in neuen Sprachen reden ... Kranken werden sie die Hände auflegen, und sie werden sich wohl befinden."

Als Petrus und Johannes im Tempel einen gelähmten Mann geheilt hatten, mussten die Obersten des Volkes dies als ein *„offenkundiges Zeichen"* anerkennen (Apg 4,16; vergleiche auch Kapitel 4,30; 8,6). In Apostelgeschichte 5,15-16 geht von Petrus dieselbe Kraft aus, wie von dem Herrn Jesus, „so dass sie auch die Kranken auf die Straßen hinaustrugen und auf Betten und Lager legten, damit, wenn Petrus käme, auch nur sein Schatten einen von ihnen überschatten möchte. Es kam aber auch die Menge der umliegenden Städte nach Jerusalem zusammen, und sie brachten Kranke und von unreinen Geistern Geplagte, die alle geheilt wurden". Ähnlich heißt es von Paulus in Apostelgeschichte 19,11-12: „Und außergewöhnliche Wunderwerke tat Gott durch die Hände des Paulus, so dass man sogar Schweißtücher oder Schürzen von seinem Leib weg auf die Kranken legte und die Krankheiten von ihnen wichen und die bösen Geister ausfuhren." Ist das nicht eine Bestätigung der Worte des Herrn in Johannes 14,12: „Wer an mich glaubt, der wird auch die Werke tun, die ich tue, und wird größere als diese tun, weil ich zum Vater gehe"? Von dem Herrn lesen wir ja nirgendwo, dass durch Seinen Schatten oder von Ihm stammende Kleider Kranke geheilt wurden.

Aus diesen und anderen Belegstellen in der Apostelgeschichte geht erstens deutlich hervor, dass die Heilung der Kranken einzig und allein auf die Ausstrahlung der *Macht Gottes* zurückzuführen ist, die in den Aposteln nach der Verheißung des Herrn wirksam ward. Von einem starken Glauben bei den Kranken lesen wir nur an einer einzigen Stelle, nämlich in Apostelgeschichte 14,9. Als Paulus sah, dass der Gelähmte in Lystra Glauben hatte, geheilt (oder: gerettet; griechisch *sozo*) zu werden, sprach er mit lauter Stimme: Stelle dich gerade hin auf deine Füße! Hier scheint das Wort „retten" darauf hinzudeuten, dass der Mann auch zum Glauben an den Herrn Jesus kam, wie bereits oben ausgeführt (Seite 59f).

Zweitens ist diesen Stellen (siehe Apg 4,30; 8,6-7; 9,33-35; 28,8-9) zu entnehmen, dass die Geheilten *Ungläubige* waren, und nicht solche, die bereits errettet waren.

Diese beiden Merkmale werden von den heutigen „Gebetsheilern" und ihren Anhängern durchweg übersehen. Die Heilungen geschehen meistens bei Gläubigen, von denen ein starker Glaube an die Heilung erwartet wird. Die „Kraft" liegt also nicht bei dem „Heiler", sondern bei dem Kranken! Wenn die Heilung misslingt, bekommt oft der Kranke die Schuld, weil er angeblich nicht genügend Glauben hatte.

In diesem Zusammenhang sei noch besonders daran erinnert, dass wir im Neuen Testament von mindestens fünf Gläubigen lesen, die krank waren, aber weder von dem Herrn Jesus, noch von den Aposteln geheilt wurden.

Lazarus: „Deren Bruder Lazarus war krank" (Joh 11,2). Seine Auferweckung durch den Herrn ändert nichts an der Tatsache, dass er krank wurde. Diese Krankheit diente zur Verherrlichung Gottes (Joh 11,4)!

Epaphroditus: „Weil ihr gehört hattet, dass er krank war. Denn er war auch krank, dem Tod nahe; aber Gott hat sich über ihn erbarmt ... Denn um des Werkes willen ist er dem Tod nahe gekommen" (Phil 2,26-30). Paulus sah es nicht als selbstverständlich an, diesen Diener des Herrn gesund zu machen!

Trophimus: „Trophimus aber habe ich in Milet krank zurückgelassen" (2. Tim 4,20). Auch er wurde nicht von Paulus geheilt.

Timotheus: „Trinke nicht länger nur Wasser, sondern gebrauche ein wenig Wein, wegen deines Magens und deines häufigen Unwohlseins" (1. Tim 5,23). Hätte Paulus diesen treuen Diener nicht heilen können?

Dorkas: „Es geschah aber in jenen Tagen, dass sie krank wurde und starb" (Apg 9,37). Sie wurde zwar später von Petrus auferweckt, aber es blieb doch die Tatsache bestehen, dass diese treue Jüngerin krank wurde, ohne geheilt zu werden und schließlich starb.

Diese Fälle von Krankheiten bei Gläubigen bestätigen, dass die Gnadengaben der Heilungen Zeichen waren, durch die Gottes Macht vor und an den Ungläubigen offenbart wurde. Der Gläubige weiß sich in der Hand seines Gottes und Vaters, und er ist nicht auf diese Machtkundgebungen Gottes angewiesen.

Wenden wir uns nun dem einzigen Brief zu, in dem von den Gnadengaben der Heilungen gesprochen wird. Wie die Gabe des Redens in Sprachen werden auch die Gnadengaben der Heilungen nur im ersten Brief an die Korinther erwähnt, und zwar dreimal:

In Kapitel 12,9,28 und 30. Immer ist nur von „Gnadengaben der Heilungen" in der Mehrzahl die Rede, als ob es sich nicht um eine beständige Fähigkeit, sondern um von Fall zu Fall geschenkte Gaben handelt. Wie von den anderen Gaben heißt es auch von dieser Gabe am Schluss des Kapitels: „Haben alle Gnadengaben der Heilungen?" Die Antwort lautet auch hier: Nein. Es waren besondere Machtbeweise Gottes, die nicht jeder Gläubige besaß.

Auch für diese Zeichengabe der Heilungen gilt das in Hebräer 2,4 Gesagte: „Wobei Gott außerdem mitzeugte, sowohl durch Zeichen als durch Wunder und mancherlei Wunderwerke und Austeilung des Heiligen Geistes nach seinem Willen" (siehe Seite 41f.). Der Herr hatte den Aposteln verheißen, dass sie große Dinge tun würden. Wie wir in der Apostelgeschichte gesehen haben, gingen alle Seine Verheißungen wörtlich in Erfüllung. Nachdem das Wort Gottes vollendet war (Kol 1,25), war dieses Wirken Gottes in Form machtvoller Zeichen nicht mehr unbedingt erforderlich.

Gebet und Heilung in Jakobus 5,14-16

Eine besonders häufig zitierte Bibelstelle ist Jakobus 5,14-16: „Ist jemand krank unter euch? Er rufe die Ältesten der Versammlung zu sich, und sie mögen über ihm beten und ihn mit Öl salben im Namen des Herrn. Und das Gebet des Glaubens wird den Kranken heilen, und der Herr wird ihn aufrichten, und wenn er Sünden begangen hat, wird ihm vergeben werden. Bekennt nun einander die Sünden und betet füreinander, damit ihr geheilt werdet; das inbrünstige Gebet eines Gerechten vermag viel."

Mit den Heilungen des Herrn Jesus und Seiner Apostel, deren Ursprung und Zweck wir bereits betrachtet haben, hat diese Stelle nur wenig gemeinsam. Der Schwerpunkt liegt hier nämlich bei demjenigen, der krank ist. Er steht hier im Mittelpunkt, und von ihm geht alles aus. Wir können hier auch kaum von einem Wunder, das heißt der direkten Einwirkung der Macht Gottes sprechen. Außerdem dürfen wir nicht vergessen, dass der Brief des Jakobus in einer Übergangszeit ganz zu Anfang der Versammlung geschrieben ist, und zwar an die zwölf Stämme Israels, unter denen sich viele gläubige Christen befanden.

Bei den Juden gab es Älteste der Gemeinde (vergleiche 2. Mo 24,9), und auch in der ersten Zeit der Versammlung wurden von den Aposteln und ihren Beauftragten an verschiedenen Orten Älteste angestellt (Apg 14,23; Tit 1,5). Heute hat dazu niemand mehr die Autorität. Insofern können die „Ältesten der Versammlung", wie Jakobus es schreibt, nicht mehr von einem Kranken herbeigerufen werden. Wohl können wir treue, glaubensvolle Brüder, die auch heute noch den *Dienst* von Ältesten verrichten, bitten, für uns zu beten.

Aber dann heißt es weiter, dass die Ältesten den Kranken mit Öl salben mögen. Öl wurde im Altertum als Medizin gebraucht. In Markus 6,13 salbten die Jünger viele Schwache mit Öl und heilten sie. Der Samariter in Lukas 10,34 goss Öl (als eine Art Salbe) und Wein (als Desinfektionsmittel) auf die Wunden des Überfallenen. Jesaja beklagt in bildlicher Sprache, dass die Wunden des Volkes Israel nicht mit Öl erweicht worden seien (Jes 1,6). Das Öl hat hier daher wohl keine sinnbildliche Bedeutung (als Bild des Heiligen Geistes), und erst recht nicht die sakramentale Bedeutung einer „letzten Ölung". Das hier verwendete griechische Wort (*aleipho*) wird im Neuen Testament nur für äußerliche, körperliche Salbung verwendet, während ein anderes Wort (griechisch *chrio*) für das Salben von Seiten Gottes gebraucht wird. Jakobus sagt also einfach, dass Öl (das oft als Grundlage für eine Mischung verschiedener Kräuter benutzt wurde) verwendet und gebetet werden sollte. Hier wird also keineswegs gelehrt, dass wir auf die ärztliche Kunst verzichten und auf „Gebetsheilungen" vertrauen sollen, sondern das Gegenteil. Die medizinischen Erkenntnisse, die ja auch indirekt eine Gabe Gottes sind, sollen aber nicht ohne das Gebet zu Gott gebraucht werden (vgl 2. Chr 16,12).

Sodann erklärt Jakobus, dass das Gebet des Glaubens den Kranken heilen wird, und der Herr wird ihn aufrichten, und wenn er Sünden begangen hat, wird ihm vergeben werden. Außerdem ermahnt er die Kranken, ihre Sünden zu bekennen, und er ermahnt alle, füreinander zu beten, damit sie geheilt werden. Er sieht eine Verbindung zwischen Krankheit und Sünde. Das Wort „wenn" zeigt aber an, dass dieses nicht unbedingt bei jeder Krankheit zutrifft. Es gibt Krankheiten, die organische Ursachen haben, und solche, die auf Sünden zurückzuführen sind, für die Gott die Seinigen züchtigt. Wenn der Patient mit den Ältesten über seine Krankheit sprach, durfte die Möglichkeit nicht außer Acht gelassen werden, dass die Krankheit ihre Ursache in irgendwelchen Sünden hatte. Wenn dem so war, sollten die Sünden bekannt werden. Das brauchte nicht öffentlich zu geschehen, aber in jedem Fall gegenüber der Person, gegen die gesündigt worden war. Aus Vers 16 kann auch ein weitergehendes Bekenntnis abgeleitet werden, allerdings nicht unbedingt vor den Ältesten, die es ja als „Amtsinhaber" heute gar nicht mehr gibt, obwohl ein Ältestendienst durchaus möglich und nötig ist.

Ein besonders deutliches Beispiel, dass Krankheiten eine Folge bestimmter Sünden sein können, finden wir in 1. Korinther 11,30. In der Versammlung in Korinth aßen und tranken die Geschwister sich selbst Gericht, weil sie beim Mahl des Herrn in Brot und Wein nicht den Leib des Herrn sahen. Deswegen waren viele unter ihnen schwach und krank und mehrere waren sogar gestorben.

Wenn nun deutlich wurde, dass die Krankheit auf bestimmte Sünden zurückzuführen war, konnte ein Bekenntnis und inbrünstiges Gebet den Kranken heilen, weil zuvor die Ursache der Krankheit entsprechend dem Willen Gottes beseitigt wurde. Dieser Grundsatz gilt auch heute noch. Manche Krankheiten, besonders auch seelische Leiden, sind auf nicht bereinigte Sünden zurückzuführen. Hier hilft dem Gläubigen keine Psychologie und Psychiatrie, sondern nur das gottgemäße Bekenntnis verborgener Sünden, bis hin zum Hochmut und Eigenwillen.

Schließlich sei in diesem Zusammenhang noch eine Stelle erwähnt, die wir bereits kurz gestreift haben. Es handelt sich um 1. Johannes 5,14-17: „Und dies ist die Zuversicht, die wir zu ihm haben, dass, wenn wir etwas nach seinem Willen bitten, er uns hört. Und wenn wir wissen, dass er uns hört, um was irgend wir bitten, so wissen wir, dass wir die Bitten haben, die wir von ihm erbeten haben. Wenn jemand seinen Bruder sündigen sieht, eine Sünde nicht zum Tod, so wird er bitten, und er wird ihm das Leben geben, denen, die nicht zum Tod sündigen. Es gibt Sünde zum Tod; nicht für diese sage ich, dass er bitten solle. Jede Ungerechtigkeit ist Sünde; und es gibt Sünde, die nicht zum Tod ist." Hier wird uns zunächst die Zusicherung gegeben, dass Gebete, die nach dem Willen Gottes des Vaters sind, gewiss erhört werden, auch wenn es sich um einen Bruder handelt, der eine Sünde begangen hat, durch die sein Leben in Gefahr gekommen ist. Dass hier ein Bekenntnis der Sünde vorausgesetzt wird, ist wohl selbstverständlich. Aber dann wird von Sünde zum Tod gesprochen, für die nach Gottes Willen nicht gebetet werden darf. Was ist damit gemeint? Ein Beispiel für solche Sünde zum Tod finden wir wohl in der Geschichte des Ananias und der Sapphira in Apostelgeschichte 5, ein weiteres in der bereits zitierten Stelle in 1. Korinther 11,30. Es kann vorkommen, dass Kinder Gottes ihren Vater in ihrem Leben so verunehren, dass Seine züchtigende Hand sie durch den Tod von dieser Erde wegnimmt. Hiermit ist also der leibliche Tod, keinesfalls die ewige Verdammnis gemeint. Wie ernst ist es, dass in einem solchen Fall das Gebet für die Genesung nicht nach Gottes Willen ist!

Wir fassen das in diesem Kapitel Gesagte in drei Punkten zusammen:

1. Gott, der Herr über Leben und Tod, kann zu jeder Zeit Kranke ohne menschliche Einwirkung auf wunderbare Weise gesund machen. Aber im Vertrauen auf Ihn dürfen wir uns auch die medizinischen Kenntnisse unserer Zeit zunutze machen.
2. Die neutestamentlichen Gnadengaben der Heilungen gab Gott im Anfang der Ekklesia auserwählten Werkzeugen als Beweise der Macht Gottes für Ungläubige. Diese Heilungen waren Zeichen Gottes, die keinen Glauben bei den Geheilten voraussetzten.
3. Das Gebet des Glaubens durch die „Ältesten der Versammlung" kann wohl auch heute in ähnlicher Form für Kranke auf deren Wunsch geschehen, wobei oft zuerst die Frage verborgener Sünden geklärt werden muss.

6. Werdet mit dem Geist erfüllt

Wir wollen diese Betrachtungen nicht ohne ein Wort der Ermunterung schließen. In den vorigen Kapiteln war für manchen Leser vielleicht zu stark der warnend erhobene Zeigefinger des Lehrers zu erkennen. Aber ist es nicht heute dringend geboten, dass Gottes Kinder sich gegenseitig warnen vor den Gefahren von drinnen und von draußen?

Trotz der notwendigen Warnungen vor den Gefahren des Schwärmertums und anderer negativer Einflüsse in der charismatischen Bewegung erkennen wir bei vielen wahren, aber verirrten Christen dort den aufrichtigen Wunsch, dem Wirken des Heiligen Geistes in ihrem Leben Raum zu geben. Dass sie dabei von dem sicheren Fundament des Wortes Gottes abgeglitten sind, haben wir gesehen.

Aber auf der anderen Seite besteht die ernste Gefahr, dass diejenigen, die in solchen Wirren an dem „Rechten" festhalten wollen, selbst in die Falle des starren Dogmatismus laufen, das heißt, Meinungen und Lehren vertreten, für die sie keine Begründung in der Heiligen Schrift finden oder meinen, eine solche Begründung sei für sie nicht erforderlich.

Nur wenn wir an dem lebendigen Wort Gottes festhalten und daraus unsere Einsicht und Kraft schöpfen, können wir der gefährlichen Schwärmerei auf der einen

Seite und dem starren Dogmatismus auf der anderen Seite entfliehen.

Deshalb können wir diese Betrachtungen nicht schließen, ohne darauf hinzuweisen, was die Heilige Schrift über die Person und das Tun des Heiligen Geistes in dem Gläubigen sagt. Einige wichtige Merkmale haben wir uns schon im Zusammenhang mit der Taufe mit Heiligem Geist vor Augen geführt (Seite 11-18). Wie dürr und kraftlos ist oft unser geistliches Leben! Wir wollen deshalb zum Schluss sehen, welch eine Quelle der Kraft der Heilige Geist ist.

Die Leitung durch den Heiligen Geist

Es gibt viele Stellen im Neuen Testament, die uns praktische Beispiele von der Leitung durch den Heiligen Geist zeigen, aber meines Wissens nur drei Stellen, die uns ausdrücklich über die Leitung durch den Geist belehren.

a) Johannes 16,13: „Wenn aber jener, der Geist der Wahrheit, gekommen ist, wird er euch in die ganze Wahrheit leiten." So sagte es der Herr Jesus Seinen Jüngern kurz vor Seinem Abschied. Bis dahin war Er es gewesen, der sie in den Gedanken Gottes unterwiesen hatte. Aber sie hatten noch wenig davon verstanden. Nun sollte ein anderer Sachwalter oder Fürsprecher kommen, um sie in die ganze Wahrheit Gottes zu leiten. Wie dies geschieht, erfahren wir in 1. Korinther 2. Gottes Ratschlüsse sind für den gottfernen Menschen Geheimnisse. Seinen Dienern hat Gott diese Geheimnisse durch den Heiligen Geist zuerst offenbart, und sie dann inspiriert, alles niederzuschreiben. Aber da es Gottes Gedanken sind, kann nur der sie verstehen, der Gottes Geist empfangen hat. Nur so ist er imstande, den Reichtum der göttlichen Segnungen zu kennen und zu genießen.

b) Galater 5,18: „Wenn ihr aber durch den Geist geleitet werdet, so seid ihr nicht unter Gesetz." Das Leben eines Israeliten wurde auf Schritt und Tritt von Geboten geregelt. Ständig war er in der Gefahr, eines davon zu übertreten. Ganz anders der Christ. Er hat göttliches, ewiges Leben und einen Führer in dem Heiligen Geist, der ihm Gottes Wort aufschließt und in allen Lebenslagen Weisung und Leitung geben will. Die wahre christliche Freiheit besteht darin, frei von dem Joch der Sünde und des Gesetzes unter der Leitung des Heiligen Geistes nur den Willen Gottes zu tun. So war es bei dem Herrn Jesus, und so sagte Er es den Juden: „Wenn nun der Sohn euch frei macht, werdet ihr wirklich frei sein" (Joh 8,36). Diese Freiheit ist der Gehorsam Christi!

c) Römer 8,14: „Denn so viele durch den Geist Gottes geleitet werden, diese sind Söhne Gottes." Als der eingeborene, ewige Sohn Gottes Seinen öffentlichen Dienst auf der Erde begann, heißt es von Ihm: „Jesus aber, voll Heiligen Geistes, kehrte vom Jordan zurück und wurde durch den Geist in der Wüste vierzig Tage umhergeführt" [im Griechischen dasselbe Wort wie „leiten": *ago*] (Lk 4,1). Er, der aufgrund Seiner Erniedrigung als Mensch auch der Erstgeborene war, stellt uns Vorrechte und Verantwortung der Sohnschaft in ihrer ganzen Größe vor Augen. Als Söhne Gottes sind wir dazu bestimmt, dem Bild Seines Sohnes gleichförmig zu sein, damit Er der Erstgeborene sei unter vielen Brüdern (Röm 8,29)! Durch Jesus Christus hat Gott, der Vater, uns für sich selbst zur Sohnschaft zuvor bestimmt. Wir sind begnadigt, angenehm gemacht in Seinem geliebten Sohn, zum Preise Seiner Herrlichkeit (Eph 1,5ff). Wenn Gott einmal Seinen Erstgeborenen wiederum in den Erdkreis einführt, werden alle Söhne Gottes der ganzen Schöpfung offenbar werden (Röm 8,19; Hebr 1,6). Jetzt ist es unsere Aufgabe, im Bewusstsein dieser erhabenen Sohnesstellung in dieser dunklen Welt zu leben. Das Kennzeichen der Söhne Gottes ist, dass sie durch Gottes Geist geleitet werden.

Diese Leitung durch den Heiligen Geist, von der die drei angeführten Stellen sprechen, beschränkt sich nicht auf einen „geistlichen Bereich", der getrennt von dem täglichen Leben mit seinen Aufgaben und Sorgen, aber auch mit seinem täglichen Einerlei zu sehen wäre. Es ist eine List des Teufels, uns einzureden, es gäbe verschiedene Bereiche in unserem Leben, einen irdischen und einen geistlichen, die wir voneinander trennen müssten! Wie leicht kommt doch der Christ dahin, zu denken, in diesem irdischen Bereich müsste er sich von seinem Verstand allein leiten lassen, und in dem geistlichen Bereich würde er von dem Heiligen Geist gelenkt! Nein, wir sind nach Geist, Seele und Leib ein Eigentum des Herrn. Unser Leib ist der Tempel des Heiligen Geistes, und in diesem Leib sollen und können wir zu aller Zeit Gott dienen und verherrlichen (1. Kor 6,19-20).

Erfüllt mit dem Heiligen Geist

Durch die Versiegelung hat der Heilige Geist von jedem Kind Gottes Besitz ergriffen (Eph 1,13; 4,30). Aber das bedeutet noch nicht, mit dem Geist erfüllt zu sein. Die Erfüllung mit dem Geist ist nun aber keine „zweite Erfahrung“, kein „zweiter Segen“, sondern eine täglich neue Bereitschaft und Öffnung. Paulus schreibt an die Epheser: „Berauscht euch nicht mit Wein, in dem Ausschweifung ist, sondern werdet mit dem Geist erfüllt“ (Eph 5,18). Ein Betrunkener steht völlig unter dem Einfluss des Alkohols. Nicht mehr er selbst, sondern der Alkohol ist Herr seiner Sinne. So können auch andere, „harmlosere“ Dinge uns beeinflussen, beherrschen und der Kontrolle des Herrn und des Geistes entziehen. Welch eine ernste Warnung sind dann die Worte: „Und berauscht euch nicht mit Wein.“

Der Herr Jesus hat aber ein Anrecht darauf, uns ganz unter Seiner Kontrolle und Autorität zu haben. Er will uns durch den Heiligen Geist beeinflussen, beherrschen und leiten. Dazu müssen wir uns Ihm bewusst öffnen und ausliefern. Der Weg dazu ist: „Werdet mit dem Geist erfüllt.“

Wir können uns dem Geist gegenüber so verhalten wie jemand, der einem anderen sein Haus überlässt, aber einige Zimmer verschlossen hält. Zu diesen Räumen hat der Gast keinen Zutritt. Aber was wir einem Gast zumuten, dürfen wir gegenüber dem Heiligen Geist nicht tun. Er will nicht Gast, sondern Besitzer und Gebieter sein, der unser ganzes Leben regiert und es für den Herrn Jesus Christus gestaltet. Jeder Raum unseres Herzens muss Ihm offen stehen. Nochmals sei auf die Gefahr hingewiesen, dass wir Seine Gegenwart auf Bereiche beschränken, in denen wir Ihn nach unserer Meinung brauchen. Es genügt uns dann, wenn Er uns das Bewusstsein der Gotteskindschaft und den Genuss der Liebe Gottes schenkt und uns bis zu einem gewissen Grad für Seinen Dienst gebraucht. Aber unsere Familie, unsere Arbeit, unser Geschäft – das sind Bereiche, zu denen wir Ihm den Zutritt verwehren. Wir erlauben Ihm nicht, unser ganzes Leben zu regieren und unsere Herzen für Christus zu gestalten.

Wie aber werde ich mit dem Geist erfüllt? Sicher dürfen wir darum beten. Aber das bloße Gebet ohne die wirkliche innere Bereitschaft, ganz für den Herrn da zu sein, ist gefährlich. Wir möchten bewahrt bleiben vor jedem Geist der Schwärmerei, andererseits aber auch vor starrem Dogmatismus ohne geistliche Lebenskraft.

Der Weg zum Erfülltwerden mit dem Heiligen Geist ist daher nicht nur das ernst gemeinte Gebet, sondern vor allem die *Hingabe an den Herrn Jesus!* Wir neigen dazu, uns selbst in den Vordergrund zu stellen, und wir gefallen uns leicht darin, als „geistliche Christen" angesehen werden zu wollen, während im Geheimen Selbstsucht und Hochmut tätig sind. Nur wenn wir diese verborgenen bösen Wurzeln des Hochmuts, des Eigenwillens, der Ehrsucht und der Habsucht usw. erkennen und schonungslos verurteilen, sind unsere Herzen offen und frei, dem Heiligen Geist in uns Raum zum Wirken zu geben.

Die Kraft des Heiligen Geistes

Nur wenn wir uns vorbehaltlos dem Heiligen Geist ausliefern, empfangen wir *Kraft*. Wie sehr vermissen wir doch heute oft diese geistliche Kraft und Entschiedenheit!

Der Heilige Geist gibt uns Kraft zum *Dienst* für den Herrn. Der Diakon Stephanus war ein Mann voll Glaubens und Heiligen Geistes (Apg 6,5.8). In dieser Geisteskraft erfüllte er zunächst seinen Dienst als Diakon. Der Herr konnte ihn wenig später zu einem weit höheren Dienst gebrauchen. Auch da war er voll Heiligen Geistes. Er sah den Herrn in Seiner Herrlichkeit. Er empfing die Kraft, für Seinen Herrn zu sterben.

Die Erfüllung mit der Kraft des Heiligen Geistes gibt auch *Freude*. Wie viele Gotteskinder werden ihres Lebens nicht mehr froh, weil sie sich weigern, sich ganz ihrem Herrn und der Leitung Seines Geistes zu übergeben! Als die Juden Paulus und seine Begleiter aus Antiochien vertrieben hatten, wurden die Jünger mit Freude und Heiligem Geist erfüllt (Apg 13,52). Anstatt über die schlechte Behandlung und Feindschaft zu klagen, freuten sie sich, dass sie in den Fußspuren ihres Meisters wandeln durften und Ihn bei sich wussten (vgl. 1. Petr 4,12-14). Wie können wir uns als Christen oft an solchen und anderen äußerlichen Dingen festbeißen und dadurch den Blick zum Herrn verlieren. Dann werden wir niedergeschlagen. „Das Reich Gottes ist nicht Essen und Trinken, sondern Gerechtigkeit und Friede und Freude im Heiligen Geist" (Röm 14,17). Diese Freude kann nicht verborgen bleiben. Sie ist aber keine irdische Ausgelassenheit und Lustigkeit, sondern eine innere, stetige, tiefe Freude, die ihre Quelle in Christus findet und uns selbst und andere erquickt. „Werdet mit dem Geist erfüllt, redend zueinander in Psalmen und Lobliedern und geistlichen Liedern, singend und spielend dem Herrn in eurem Herzen, danksagend allezeit für alles dem Gott und Vater im Namen unseres Herrn Jesus Christus" (Eph 5,18-20).

Bibelbuch *Seite*